Abraham Meyer

Christliche Lieder

Abraham Meyer

Christliche Lieder

ISBN/EAN: 9783743409279

Hergestellt in Europa, USA, Kanada, Australien, Japan

Cover: Foto ©Thomas Meinert / pixelio.de

Manufactured and distributed by brebook publishing software
(www.brebook.com)

Abraham Meyer

Christliche Lieder

Christliche Lieder.

Gedichtet und zum Theil gesammelt von

Abraham A. Meyer,

an der Deep Run,

in Bedminster Taunschip, Bucks County, Pa.

———

(Gestorben am 16ten Mai, 187?, in seinem 83sten Lebensjahre.)

———

Herausgegeben von den Hinterbliebenen.

Gedruckt von J. G. Staufer Milford Squäre, Pa.
1877.

Ermahnung an Alt und Jung.

Ein Wort an alle Bekenner der Religion Jesu Christi, die noch auf dem Grund und der Ordnung der Vorväter bauen, in dieser betrübten Zeit, in der wir und unsere Kinder jetzt leben. Laßt uns die Gefahr bedenken, die uns und unsern Kindern bevorstehet; bedenken, wie nöthig es ist zu wachen und zu beten; bedenken wie viele Secten gekommen sind und noch kommen werden, welche sagen hier ist Christus und da ist Christus. Sie werden suchen, wo möglich, die schwachen Herzen und Seelen, abzuführen von dem wahren Wesen welches ist Christo Jesu, durch ihre selbstgemachte Weisheit und Einbildung.

4

Ihr Lieben, glaubet es nicht, streitet gegen die Lüsten des Feindes. Er sucht die Menschen durch seine Unwahrheit und den Hochmuth in das Verderben zu stürzen. Die Lehre Jesu ist Wahrheit und Herzensdemuth, und dieses hat der Feind nicht.

O, laßt uns absteigen von der Hohheit und dem verführerischen Wesen dieser Welt, und uns den Weg der Demuth erwählen, den treuen Lehrer folgen, die den Weg des Friedens verkündigen, und euch hinweisen auf das Leiden und Sterben Jesu, der für uns den Weg gebahnt zum ewigen Leben. O, Alt und Jung, werdet treu und gehorsam; liebet den Weg der Demuth, den Jesus voran gewandelt ist, so können wir selig werden durch den Glauben an seinen Namen. Ach, fliehet die Ergötzlichkeit der Welt, und gehet Hand in Hand. Weiset euch selbst und eure Kinder in die Demuth, welche nur in Jesu Wort und Wandel zu finden ist, und den Weg zu den Wohnungen des Himmels öffnet.

Darum, ihr Väter und Mütter, stelle teuren Kindern mit allem Fleiß und Ernst die Gefahr vor, womit sie in dieser Welt umgeben sind; saget ihnen, das zu meiden was sündlich ist und gegen den Willen Gottes streitet, und lehret sie, was das Ende sein wird, auf sündlichem Wege zu wandeln, und der Hoffahrt des Feindes zu dienen. Hingegen lehret sie, wie herrlich und selig es sei, schon in der Jugend auf dem Wege der Weisheit und Tugend zu wandeln; Gott treu und gehorsam zu sein.

Ach, solche Eltern werden einmal ein großes Vorrecht haben, die mit Willen und Ernst gesucht haben, für sich selbst und ihre Kinder zu Gott zu kommen; die da hoffen durch das Leiden und Sterben Jesu erlöset zu werden von allen Uebel um ewig glücklich und selig zu werden. Diese werden einmal die fröhliche Stimme hören, wo Jesus spricht: Kommet herein, ihr Gesegneten des Herrn, ererbet das Reich, das euch bereitet ist von anbeginn der Welt; ihr waret über Wenigem getreu gewesen, ich will euch über

Viel setzen, gehet ein zu meines Herrn Freude.
O, welch eine schöne Verheißung für diejeni=
gen, die der Eitelkeit der Welt entsagt haben,
und gesucht haben Jesum im Glauben nach=
zufolgen. Die ihm gehorsam und treue bleiben
bis ans Ende, die sollen selig werden. Sei ge=
treu bis in den Tod, so will ich dir die Krone
des Lebens geben, spricht der Allmächtige,
Amen. Damit wolle der gütige Gott unser
aller Herzen begleiten mit seinem reichen Se=
gen von Oben, durch Jesum Christum.

Noch ein Wort an die liebe Jugend. Die
ihr Blumen der Gemeinde seid, kommt zu
Jesu. Verlaßt die Eitelkeit und Hoffahrt des
Feindes dieser Welt, fliehet von ihm, und
kommet zu Jesu, so fliehet der Teufel von
euch; kommt, lernet Jesu erkennen; lernet
erkennen aus seinem Wort wie liebevoll Je=
sus eure jungen Herzen haben will zu Pflan=
zen seiner Gemeinde. Hier auf Erden laßt
euch rathen und helfen von dem unartigen
Leben und Wesen dieser Welt, und kommet
zu Jesu, folget euren Lehrer, die wünschen
und verlangen euch zu Jesu zu bringen.

Werdet treu folget dem Wort, welches sie euch lehren, thut Buße, lasset euch taufen auf den Namen Jesu zur Vergebung der Sünde; folget auch euern Eltern, so sie euch zu Jesu und seiner Gemeinde hinweisen. Ach, folget euren Lehrer und Eltern, werdet und bleibet ihnen treu bis an das Ende eurer Tage. O sammelt doch schon frühe in eurer Jugend; was wird man im Alter finden?

Gott gieb treuen Lehrer Muth und Kraft, daß sie mit Paulo dein Wort noch mögen ausstreuen wie eine starke Posaune über die Herzen der Menschen, daß noch Viele von der Finsterniß zum Licht mögen gebracht werden. Dazu wünsche ich mir und euch Gottes Gnade, Hilfe und Beistand durch Jesum, Amen. Ich sage der Welt mit ihrem Lug und Trug gute Nacht; wer Jesum hat, der hat genug. Gute Nacht, euch Liebsten ins Gemeine, Junge, Alte, Groß und Klein

Abraham A. Meyer.

An den Leser!

Dieweil ich schon einige Jahren durch
Krankheit ein ziemlich Maas von Leiden und
Trübsaal, wie auch schlaflose Nächte empfunden habe, aber der Zug der Liebe unseres
Gottes brachte mich zum Nachdenken über
meine Sünden in meinen gesunden Tagen
und in dem Wohlstand meines Lebens, den
mir der liebe Gott geschenket hat, und ihm
nicht gelebt wie ich hätte sollen. Dies beug-
te mich oft mit Reue und Trauer vor meinem Gott. Dieweil mir aber Gott noch
eine Zeit der Gnade geschenkt, um mich näher zu ihm zu führen, dachte ich oft nach in
den Stunden meiner Einsamkeit, über das
Ende der Menschen, wie weit wir von Gott
abgewichen, den schmalen Weg verlassen, auf
breitem Wege gewandelt, wie ich es jetzt, am
Tage meiner Trübsaal und Leiden sehe in
der Christenheit. Dies trieb mich an zum
Dichten, um mich näher mit Gott bekannt
zu machen, um Trost zu suchen aus seinem
heiligen Wort für meine begangenen Sünden, für mich und auch für andere, wie auch

für die liebe Jugend, die mir so nahe am Herzen liegt; wie auch die Aelteren.

Lieber Leser, denke nicht, als hätte ich aus Vorurtheil geschrieben, als der Etwas wüßte von andern. Nein, nur um meine Zeit mit Jesu hinzubringen; zur Besserung meines Lebens, und bitte Gott, daß er mich und euch alle wolle ausrüsten zu seinem himmlischen Reich. Ist hie und da ein Vers der nicht mit der Wahrheit übereinstimmt, so laß ihn liegen und schreibet es meiner Schwachheit zu. So viel ich mich kenne, ist alles in Wahrheit und aus Liebe geschehen, für mich und alle andere. Sollte hie und da ein Verslein sein in seiner Kraft, nach der Wahrheit, so bitte ich Gott, daß er durch seine Liebe es in einem vollen Maas mit Segen begleiten wolle, an meinem und aller Herzen die es lesen. Amen.

Sind diese Lieblein schwache Lehr,
So war es doch meine Absicht,
Nicht Menschen sondern Gott zur Ehr;
In großer Schwachheit sie gedicht.

Deep Run in 1877.   Der Autor.

Chriſtliche Lieder.

Melodie: O Jeſu Chriſte, wahres Licht.

1. Liebe Brüder, liebe Schweſtern,
   Ich wünſch mir und euch zum Erſten
   Recht williglich Gott treu zu ſein,
   In Glauben veſt, in Liebe rein.

2. Der Jugend wünſch' ich Gnad' und Heil,
   Durch Jeſum, daß ſie nehmen Theil
   An Chriſti Lehr, liebreichem Wort,
   Kehrt euch zu Ihm, lernt ſein Gebot.

3. Verlaßt die Welt und Eitelkeit,
   Sie wirkt nur Sünd' und Herzeleid,
   Sucht Jeſu Wort, liebt Ihn allein,
   Und lernet ſeine Jünger ſein.

4. Die Lieb' zu Gott kein Seel betrügt,
   Wer Sein Wort hält, der endlich ſiegt,
   Wenn ſchon der Feind ſein Trugwerk treibt
   Wer Jeſum liebt und bei Ihm bleibt,

5. Den kann der Feind nicht beſiegen,
   Sein Lug und Trug muß erliegen;
   So laßt uns allzeit wachſam ſein,
   Wer Jeſum hat iſt nicht allein.

6. Wir haben Gott zum besten Freund,
   Der's treu mit unsern Seelen meint,
   Er will uns führen gleicher Weiß
   Auf unsrer schwachen Pilgerreis,

7. Durch Hecken, Dornen, Wüstenei,
   So wir Ihm kindlich bleiben treu,
   Und uns Ihm allzeit anvertraun,
   Auf seine Hülf' und Gnade baun,

8. So bleiben wir von Trost nicht leer,
   Und unsre Reise fällt nicht schwer;
   Die Lieb zu Gott wirkt großen Lohn,
   Sie hilft uns reisen nach Zion.

9. Dort wird ein Melodi klingen,
   Die viel tausend Engel singen,
   Vor dem Throne der Herrlichkeit,
   Immerhin und fort ohne Zeit.

10. Laßt uns eilen, nicht stille stehn,
    Bis wir solch' schöne Freude sehn,
    Und ruhen in Gottes Namen,
    Singen : Hallelujah, Amen.

Mel. O Jesu Christe, wahres Licht.

1. O Mensch, betracht die Lieblein fein,
Willst du geben zum Himmel ein,
Such Jesu Wort, lieb Ihn allein,
Wie gern will Er dein Helfer sein.

2. Ihr Jungen, kommet doch in Zeit,
Schiebt's nicht ab auf gelegne Zeit,
Weil du nicht weißt wie bald, geschwind;
Der Tod sich oft so schnell einfind.

3. Drum kommet bald und säumet nicht,
Weil euch noch scheint das Gnaden Licht;
Schenk Ihm dein Herz und eil Gott zu,
So führt er euch zur Seelen-Ruh.

4. Wo ewig Freud und Wonn wird sein,
Bei den gerechten Schäfelein,
Mit weißen Kleidern angethan,
Singend von Jesu, seinem Thron.

No. 1.
Mel. Freu dich sehr, o meine Seele.

Ach mein Gott, ich muß bekennen
Mein betrübten Seelenstand,
Die von Gott geschenkten Tagen
Hab nicht besser angewandt,

Oft zu viel in Lust gelebt,
Deinem Willen widerstrebt;
Oft der Satan meinen Glauben
Sucht aus meinem Herz zu rauben.

Liebster Herr und Ehren-König!
Woher nehm ich Lebenskräft?
Muß beklagen, daß ich wenig
Deines Geistes Kräfte hab.
Ach, mein Glaube ist so klein,
Als ein Licht das dunkel scheint;
Wird mir oft, daß ich nichts hätte,
Wackend war auf dieser Stätte.

Reiß mich aus den falschen Stricken
Die er legt bei Tag und Nacht,
Und verhindre Satans Tücken
Die er hat bei Tag und Nacht;
Wann er kommt in Saus und Braus,
Jesu, hilf mir halten aus;
Hilf mir kämpfen, streiten, kriegen,
Ihn durch deine Kraft besiegen.

Seele komm, was du begehrest,
Soll dir werden, komm nur klein;
Glaube mag ich kann ihn mehren,
Weil das Gnadenlicht der scheinet,
Durch mein Kraft und Geistes Sinn,
Ich im Schwachen mächtig bin.

Bei mir ist Vergeltung viel;
Hab gesetzt den Feind zum Ziel.

Zu dir, Jesu, will ich kommen,
Jesu, liebster Seelenfreund,
Hast viel Sünder angenommen,
Die in Reue sich beweisen;
Drum, mein Gott, ich zweifle nicht,
Ist er auf und Gnadenlicht
Mir auch lassen helle scheinen;
Ruhre, Herr, mein [...]
Seel und Geist mit dir vereinen.

Ach, Herr Jesu! ich befehle
Meine Seel in deine Hand,
Meine Mängel sind gezählet,
Meine Schwachheit dir bekannt;
Drum will ich mich dir vertrauen,
Und in Hoffnung auf dich bauen,
In Geduld zufrieden geben,
Warten auf ein ewig Leben.

No. 2.

Mel. Zeuch mich, zeuch mich mit den Armen.

Ach, ich armer Staub der Erden,
Ach, wann wird mein Geist erquickt?
Bin voll Trübsal und Beschwerden,
Und zum Guten ungeschickt.

Hab ich gleich was Gut's erkennt,
Hat der Feind mirs doch vergönnt.

Bin ich nicht ein armes Wesen,
Welches Gott geschaffen hat?
Wann werd ich vom Feind erlöset,
Der mich täglich hier antast?
Wann ich kämpfen thu, auch streit,
Ist er auf und an der Seit.

Rühre, Herr, mein schwache Seele
Durch dein Geist in Gnaden an,
Daß der Feind doch mich nicht fället
Hier auf ungestümer Bahn;
Hilf mir durch die Traurigkeit;
Endlich werd erquickt mit Freud.

Ach, wie lang soll ich hier klagen,
In dem Meer der Traurigkeit?
Jesu hilf im Kampf mir tragen:
Reich mir deine Hand im Streit,
Daß mein Schifflein von den Well'n
Doch nicht ganz und gar zerschellt.

Hoffe, Herr, auf deine Gnade,
Hier auf ungestümen Meer,
Daß mein Schifflein ohne Schaden
Rudern hilfst ins stille Meer,
Wo kein Sturm noch Well mehr wellt,
Jesu Anker mich vest hält.

Ach, mein Jesu, du kannst leiten
Mich durchs wilde Wellenmeer;
Wann mein Schifflein auch zu Zeiten
Ist belastet und beschwert.
Jesu, du, mein Steuerman,
Bist der mirs erleuchtern kann.

Muß ich oft in Schwachheit sinken.
Petrus scheint zu sinken gar
Da Sturmwellen ihn umwinden
Rief: Herr, hilf mir aus der G'fahr.
Ob sein Glaube im Zweifel stand
Reichst du, Jesu, ihm die Hand.

Meine Zuflucht will ich nehmen,
Jesu Christ, zu dir allein;
Wenn auch tausend Wellen kommen
Wird dein Arm stark genug sein,
Durchzuführen allen Streit,
Mir zu helfen sein bereit.

Eines weißt du, Herr, am besten,
Wann die rechte Zeit bricht an;
Wann die Noth und Angst am größten,
Bist bereit zu helfen dann;
Mich im Glauben zu dir wand,
Hält mich, Herr, dein rechte Hand.

Ei ich mag die Welt nicht haben,
Ob sie Viel versprechen kann;

Wenn ich nur mein Jesu habe,
Der Hilf', Ruhe schaffen kann,
Und ein Labsaal meiner Reiß,
Meiner Seele Trank und Speis.

Endlich hoff ich zu gelangen
Auf den Berge Moria;
Wo viel tausend Engel prangen,
Weiß gekleidt vor Gott stehn da;
Wo kein Klagen, Niemand weint,
Sondern Wonne, Lob und Freud.

Ruhe ist dort mein Verlangen,
Bei Jesu im Gnadenreich;
Bei den Meinen die vorgangen,
Die dort sind den Engeln gleich.
Lob und Preis werden Gott bringen,
Und ein Hallelujah sing'n.

No. 3.

Mel. Lobt Gott, ihr Christen, allzugleich.

Der Mensch, ein Wurm auf dieser Erd,
Von Gott aus Erd formirt;
Mit Kummer, Trübsal oft beschwert,
Und manchem sauern Tritt.

Ein Mensch voll Unruh in der Welt
Und findet sie hier nicht;
Die Welt, mit Sorg und Müh bestellt,
Voll Schmerz und Angstgericht.

Aber es ist noch eine Ruh
Die Gott verheißen hat,
Dem Volk Gottes das glauben thut,
In jener Himmelsstadt.

Das war der Väter Sehnen sehr,
Und Warten, lange Weil;
Dies Jakob hofft und sagte: Herr,
Ich warte auf dein Heil.

David wollt lieber Thür hüten
In seines Gottes' Haus,
Denn lange wohnen in der Hütt'
Des sündlich fleisches Haus.

Hiob harrt auf Veränbrung sein,
In vester Hoffnung lebt
Auf sein Heiland und sagt: ich weiß,
Daß mein Erlöser lebt.

Paulus verlangt und sehnte sich,
Mit ihm sein Glaubensheer,
Nach Wohnung die im Himmel ist,
Mit überkleid zu werd'n.

Ach, daß mein Herz erfüllt möcht sein
Mit Hoffnung, Sehnsucht gleich
Nach den Wohnungen die dort sein
In jenem Vaters-Reich.

Verlangend möcht ich solches sehn
Die Väterschaar im Reich;
Mit den Frommen vor dem Thron stehn,
Mit Singen Lob und Preis.

Dort ist kein Kummer mehr, noch Leid,
Kein Trübsal noch Unruh,
Nur Friede, Freud und Herrlichkeit,
Die rechte Sabbathsruh.

O Jesu, stärk den Glauben mein,
Laß mich mit Frommen gehn;
Mein Glaubens-Hoffnung vest mag sein
Auf ein dort Wiedersehn.

Dort werden wir mit Jesu gehn,
Auf Zions Berge stehn,
Und gehn mit der seligen Zahl
Zu seinem Abendmahl.

No. 4.

In eigener Melodie.

Ach Gott, wo soll ich fliehen hin,
In der betrübten Zeit?
Ach, ändre doch mein Herz und Sinn
Noch in der Gnadenzeit,
Damit ich kann vor Gott bestehn
An jenem großen Tag,
Wann Alles, Alles wird vergehn,
Und nichts mehr bleiben mag.

Ach Herr, verleih mir deine Gnad,
Hülf daß ich wachend steh;
Führ mich allzeit auf rechtem Pfad,
Daß ich bereit mag stehn
Wann ich aus dieser Zeit muß gehn,
An meinem letzten Tag;
Daß ich bereit und fertig steh,
Stets bei dir bleiben mag.

So mag mein Leib dann in der Kruft
Zu Staub und Asche gehn;
An jenem Tag, wann Jesus ruft,
Wird er doch auferstehn,
Und werde Gott im Lichte schaun,
In Zion gehen ein;
Wo Zions Stadt mit Gold gebaut
Und güldne Gassen sein.

Dort werd ich schauen immerdar
Den Glanz der Herrlichkeit;
Die Himmelsstadt in sonnenklar
Die Jesus selbst beleucht;
Wo ewig Freud und Wonn wird sein,
Kein Hitz noch Sonn mehr sticht;
Kein Leid noch Trübsaal wird mehr sein,
All Thränen abgewischt.

No. 5.

Mel. Nun ihr meine lieben Kinder.

O wie ist die Zeit so wichtig
Die uns Gott nur einmal giebt,
Und wie ist die Welt so nichtig,
Die doch allzuviel geliebt;
Wir damit uns gern versäumen,
Gehn dahin wie im Träumen
Denkt so wenig an die Zeiten
Der so langen Ewigkeit.

Ja, es ist wohl zu beklagen,
Daß der Mensch so sicher lebt;
Bei gesund und guten Tagen
Sich der Eitelkeit bestrebt;
Doch die Zeit so schnell hin eilet.
Wie ein Schatten, bleibet nicht,

Und der Tod kommt unverweilet,
Eilet mit uns vor's Gericht.

Schlafe nicht; wach auf, o Seele,
Flieh der Welt, mach dich bereit,
Füll die Lampe mit dem Oele
Deines Glaubens allezeit ;
Wenn der Bräut'gam kommt dann sehet,
Daß wir wach stehn und bereit ;
Mit den klugen Jungfraun gehen
Ein zur ewigen Hochzeitsfreud.

Jede Stund und Zeit bedenken
Die uns Gott nur einmal giebt ;
Unser Herz und Sinnen lenken
Auf zu Jesu der uns liebt,
Denn die Welt kann uns nichts schenken
Das uns hilft zur Seligkeit.
Nein, laßt uns ans Ende denken,
An die lange Ewigkeit.

———— ⬩ ————

No. 6.

Mel. Nun ihr meine lieben Kinder.

Ach, wenn alle Seelen wüßten,
Jesu, daß du freundlich bist,
Und der Zustand wahrer Christen
Unaussprechlig selig ist,

Ach, wie würden wir mit Freuden
Aus der Welt Gemeinschaft gehn,
Und bei Christi Blut und Leiden
Vest und unbeweglich stehn.

Ach, es wird uns kein Feind rauben
Was sein theures Wort verspricht.
Alle die vest an mich glauben,
Spricht Jesus, verlaß ich nicht.
Wenn gleich Wind und Meereswellen
Ueber sie oft rollen hin,
Denen soll sein Hülf nicht fehlen,
Die im Glauben gehn zu ihm.

O, wer will dann nicht umkehren?
O, abtrünnigs Israel!
Von der Welt ihr falschen Lehren
Und zu Jesu gehet hin;
Schaut wie seine Liebensarmen
Stehn bereit zu helfen dir
Ruft aus liebevoll Erbarmen,
Kommt her und lernt von mir.

Sehet auf, zu Jesu eilet,
Weil sein Liebeshülf so nah;
Kehre um, dich nicht verweile
In dem Sünden-Sodoma;
Eil heraus und dich errette,
Zieh mit Lot in Zoar ein;

Und zerreiß die Sünden=Ketten,
Wirst bei Jesu sicher sein.

Ach, wie werden sich dort freuen
Engel in des Himmels Thron,
Wenn ein Sünder kommt mit Reue,
Recht wie ein verlorner Sohn.
Den wird Jesus Lieb umarmen,
Mehr als Vaterherz sein Kind,
Jesu Liebe und Erbarmen
Will uns schenken unsre Sünd.

Wer kann Jesu Lieb anzeigen,
Und sein große Freudigkeit,
Die sein Wort uns Menschen zeuget
Durch sein Gnad und Gütigkeit;
Er am Kreuz für uns gestorben
Hat aus Lieb sein Blut verspritzt;
Uns ein ew'ges Reich erworben,
Uns zur Freud im selgen Licht.

No. 7.

Mel. Zeuch mich, zeuch mich mit den Armen.

Selig sind die geistlich Armen,
Die im Geist demüthig gehn;
Und sein Sünde fühlt als Armer,
Und gebengt zu Jesu geht.

Denen sagt sein Wort allhier:
Denn das Himmelreich ist ihr.

Selig sind die Leide tragen,
Die mit Thränen hier gesäet;
Ueber ihre Sünden klagen
Und zu Jesu gehen hin;
Buß und Reue ihm darbringen
Denen soll Tröstung gelingen.

Selig sind die Sanftmuth üben
Und in Gottes Wege gehn;
Die Gott seine Gesetzen lieben
Und im wahren Frieden stehn;
Sucht das Gute zu benützen
Wird sein Saam'n das Land besitzen.

Selig die hier Hunger haben,
Dürsten nach Gerechtigkeit;
Nach dem Lebensbrod und Gaben
Wünschen damit sein gespeist;
Glauben, hoffen hier auf Erden
Sollen dort gesättigt werden.

Selig sind die barmherzig sind,
Der den Armen tränkt und speist,
Und ihm seine Wunden bindet,
Samarit'sche Lieb beweist,
Nackte kleid, liebreich umfanget
Soll Barmherzigkeit erlangen.

Selig sind die reines Herzens,
Ohne falsch und Heuchelschein,
Die bekennen recht von Herzen
Nichts liebers als Jesus sei,
Werden in des Himmelsauen
Gottes Sohn im Lichte schauen.

Selig sind die Frieden haben
Und im Glauben veste stehn,
Ihre Brüder lieber haben
Als sich selbst; sich nicht erhöhn.
Ueber alles Gott hoch preisen,
Sollen Gottes Kinder heißen.

Selig die um Rechtes Willen
Sind verfolget und verhaßt;
Tragen Schmag in sanftem Stillen
Was die Welt verschmähen mag.
Denen sagt das Wort allhier:
Denn das Himmelreich ist ihr.

Selig seid ihr wenn euch Menschen
Meinet Willen schmähen thun,
Euch verfolgen, Uebels reden
Und was mehr die Welt euch thut,
Wer glaubt kann es nicht betrügen
Was sie thun daran nur lügen.

Ach, Herr, durch dein Geist mich leite,
Führ mich recht nach deinem Wort.

Gieb mir Kraft, Geduld im Leiden
Zu erfüllen was dein Wort
In der Seligkeit verspricht,
Durch dein Gnad wird ausgericht.

O mein Gott, laß mich gelangen
Zu der großen Herrlichkeit,
Und verzeih was ich begangen
Meiner ganzen Lebenszeit.
Bitte, Gott, durch Christi Blut,
Machs mit meinem Ende gut.

***

No. 8.

Mel. Es ist gewißlich an der Zeit.

Wie steht die arme Christenheit
Auf dieser Erd beisammen?
Bekennen uns all Christenleut,
Rühmen uns seines Namens,
Thun viel in Kirch, Versammlung gehn,
Wollen auch mit der Welt gleich stehn;
Von beidem gern gesehen.

Zwei Herren die einander feind
Werden sich oft verklagen;
Wir können nicht sein beiden Freund,
Wir müssen einem absagen.

Licht; Finsterniß giebt keinen Schein,
Kann auch nicht so beisammen sein
Wenns klares Licht soll werden.

So lang wir gehen mit der Welt,
Nach ihrer Mode schleigen,
So ist's Licht unter Bank gestellt;
Die Finsterniß nicht weiget,
Bis es ganz auf dem Leuchter steht,
Daß die im Hause sind es sehn;
Der Glaube wirds auch zeigen.

O, laßt uns lernen sehen ein,
Hinkt nicht auf beiden Seiten.
Wollen wir Jesu Jünger sein
Müssen wir Hoheit meiden.
Wer sich noch seiner Worte schämt,
Dem wird sich Jesus auch schämen;
Darf nicht sein Jünger heißen.

So steiget ab vom hohen Baum
Mit Zachäus hernieder;
Gebt Gott im Haus des Herzens Raum,
Heut will er einkehren wieder.
Reicht ihm ein willig, rein Herz dar,
Er sucht das was verloren war;
Heil soll uns widerfahren.

O, lieber Mensch, mit zweier Schein
Können wir Gott nicht ehren.

Wollen wir seine Jünger sein,
So muß der Wandel's lehren;
Ein willig Herz, im Glauben rein,
Die Demuthslieb rechtschaffen sein;
Solch Herz will Jesus haben.

So legt ab was hoch von der Welt,
Laßt eure Lichter leuchten,
Laßt's sein auf den Leuchter gestellt,
Daß es leuchtet vor den Leuten,
Daß die im Hause sind es sehn;
Auch eure gute Werke sehn,
Den Vater im Himmel preisen.

Seht dies Gleichniß vom Feigenbaum,
Wo Jesus hingetreten,
War hungrig und sucht Frucht am Baum,
Fand aber nichts als Blätter.
O, sollt es doch so bei uns stehn,
Daß Jesus nichts als Blätter seh,
Kein Frucht des Glaubens finden.

Wo wären wir, in welchem Stand,
Müßt Gott den Baum anstaunen?
Müßt sagn: was hindert er das Land,
Müßt endlich ihn abhauen.
O, laßt's uns doch gesaget seyn,
Umgraben und bedünget seyn,
Ihm viele Früchte bringen.

Ach, daß die Liebe bräch herein,
Zu Gottes Wort und Lehre,
Und seiner Lehre g'horsam sein,
Recht inniglich zu ihr kehren;
Daß Gott noch wirkt zu seinem Ruhm
In uns ein wahres Christenthum,
Sein Reich auf Erd vermehret.

Vor allen Dingen übet euch
Der Liebe nachzustreben;
In Liebe, Fried und Einigkeit
Untereinander leben;
Dabei wird man erkennen euch,
Daß ihr von Jesu Jünger seid,
So ihr einander liebet.

Laßt uns lieben unsre Lehrer,
Die uns das Wort vortragen;
Andächtig, fleißig zu hören,
Und folgen ihr'm Glauben nach;
Liebt sie als eure treue Knecht,
Helft mit am Weinberg bauen recht,
Daß er viel Früchte bringet.

Laßt fahren Welt mit ihrem Schein,
Liebt Gott als seine Kinder;
Der Jugend ein Vorwandel sein,
Sie mahnen ab von Sünden,
Daß die Gemeinde Jesu Christ,

Gepflanzen wird, gezieret ist
Als ein geschmückte Braut.

Ach, denket doch, wie schön wird's sein,
Wenn die Gemeind beisammen,
Im Band der Liebe stehn vereint
In heißen Liebesflammen;
In einem Geistessinne stehn,
Wie Jesus es uns anbefehlt;
Bringt ewig Heil und Segen.

So wird er, wie sein Wort verheißt,
Vom Himmel senden nieder,
Die Gnade Gottes und sein Geist,
Auf treue christen Glieder;
So werden wir in einem Geist,
Die Liebesfrucht in Ewigkeit
In seinem Reiche essen.

No. 9.

Mel. Nun ihr meine lieben Kinder.

Denkt man an die frühern Zeiten,
Der Gemeinde ihren Stand;
Wie friedlich zur Väter Zeiten
Sie geblüht in vielem Land;

Obwohl nicht ohn' Kampf und Streiten
Alle Zeit geführet fort,
So sind sie doch lange Zeiten
Aufgeblüht, gewachsen fort.

Aber schauet, wie ist's Heute,
An dem Tag zu unsrer Zeit?
Viele Gmeinden so zerstreuet,
Nur durch großgesinnte Leut;
Die meinen selbst klüger zu sein
Wie die Alten in ihr Zeit;
Und verführen schwache Leute
Mit gemeintem Klugheitsschein.

Lehren sie auch wohl vom Frieden,
Von der Lieb und Einigkeit;
Aber wo sieht man den Frieden,
Der sich in der Wahrheit zeigt?
Ob sie's gleich wohl Andre lehren
Gleich als wär es Gott gethan;
Doch ihr Thun und Wandel lehrets,
Daß sie's selbst kaum regen an.

Wahr ist's wie uns Paulus lehret:
Ich weiß nach meinem Abschied
Werden kommen solche Lehrer;
Gleich als Wölf die Heerd zerstreun;
Aus euch selbst werden aufstehen
Männer nach dem eignen Sinn;

Die verkehrte Lehren reden
Um viel Glieder zu sich ziehn.

Ach, wer sollt nicht Thränen weinen,
Wer den Weinberg recht betracht;
Umgerissen sind viel Zäunen,
Wo die Väter treu bewacht;
Daß nicht wilde Schwein eindringen,
Nicht umwühlen ihn mit Macht.
O, wie traurig, daß sie drinnen
Wühlen jetzt bei Tag und Nacht.

O, wer sollt nicht stehen stille,
Schauen einen Blick zurück?
Nichts als Hochmuth, eigner Wille
Hat die Gmeinden so zerglied;
Und was sie einmal versprochen,
Ihren G'meinden treu zu sein,
Hat der eigne Will gebrochen;
Wollen Herr und Meister sein.

Besser wärs wanns nicht so wäre
Durch den eignen Will geschehn;
Daß der Väter Bau und Lehre
Nicht so viel zu Grund müßt gehn.
Ach kehrt um mit Reu und Weinen,
Treibt die wilden Schweinen weg,
Machet wieder neue Zäunen,
Baut den Weinberg wieder recht.

Möchte dieses noch gelingen,
Mit des Herren Hülf und Rath;
Noch die Schaaf zusammen bringen,
Die der Wolf zerstreuet hat;
Die noch in der Irre gehen,
Möchten wieder funden sein;
Sie mit Freud auf Achseln nehmen
Und mit Freuden bringen heim.

Herr, gieb treue Lehrer allen,
Muth und starke Geisteskraft;
Daß dein Wort noch mag erschallen,
Wie ein starke Donnersmacht;
Daß noch felsenharte Herzen,
Gleich wie Wachs zerschmolzen werd'n;
Dein Wort Geist erweck all Herzen,
Daß noch wird ein Hirt, ein Heerd.

Vater, segne deine Heerde,
Die die kleinst auf Erden ist;
Laß sie feste Pfeiler werden,
Die der Wolf nimmer erwischt;
Laß durch deinen Geist und Gnade
Deine Schaaf bewachet sein,
Führe sie ohn allen Schaden
In den ewigen Schaafstall ein.

No. 10.

Mel. Wer nur den lieben Gott läßt walten.

Kommt, liebe Eltern, laßt uns sehen
Auf unsre liebste Kinderlein;
Die uns der liebe Gott hat beschehret,
Ein großer Schatz bei uns zu sein.
Wie treu und werth die Kinder Gab,
Die uns der Herr vertrauet hat.

Wann wir sie alle um uns sehn,
All, groß und klein, um unsren Tisch,
In einer Reihe darum stehn
Mit Rosen-Wangen, schön und frisch;
Wie Blumen die um uns her wehn;
Im Frühling in den Gärten stehn.

In froher Hoffnung wir schon sehen,
Wann uns das Alter rückt herein,
Daß unsre Kinder um uns stehen,
Und können unsre Pfleger sein.
Lob, Preis und Ehr für deine Gab
Die du uns, Gott, gegeben hast.

Ja, Kinder sind des Herren Gaben,
Die er uns Menschen hat verliehn;
Dies will er aber von uns haben,
Daß wir sie christlich ihm erziehn;
Nach seinem Wort, Lehr und Tugend,
Hinweisen früh in der Jugend.

Und lehren sie was böse Sachen,
Was Leib und Seele schädlich sei;
Aus Pflicht, daß sie es unterlassen,
Und sie der Gottesfurcht zu weihn;
Wir sollten allzeit wachsam stehn,
Und selbst in Gottesfurcht vorgehn.

Wir sollen uns mit Fleiß bemühen,
Zu thun wie es dem Herrn gefällt;
Vor allen bösen Lüsten fliehen,
Und allem Unrecht in der Welt;
Daß wir den Kindern hier im Leben,
Ein gutes, frommes Beispiel geben.

Und nicht so viel mit eiteln Sachen,
In losem Geschwätz und Narrendei;
Sie merken drauf und thuns nach sagen,
Was Aeltern oftmals sagen frei;
Wann wir's nicht achten, übersehn,
So kann's zuletzt uns übel gehn.

Wir sehen oft im Kleid=Anziehen,
Mit Falten, Säumen, Bänder groß,
Mit Rosen, Schlüp, das Haupt verzieret,
Sogar das Kind in Mutterschoß;
Und was der Feind noch mehr erdacht,
Bei Vielen schon ins Werk gebracht.

D'rum lernet Jesu Wort, steigt nieder
Vom hohen Baum der Sündenwelt;

Die wir von Gott erschaffne Glieder,
Von Gott ein Seele in sich hält,
Die nimmer zu Nichts werden kann;
Drum liebet Gott, zieht Demuth an.

Denn solche schöne Demuthsgaben,
Die sind des wahren Glaubens Frucht;
Die auch ein jeder Christ wird haben,
Der sie aus reinem Herzen sucht;
Wo Glaube, Liebe angezündt,
Bei dem ist Demuth auch gegründt.

Laßt uns an Demuth veste halten,
Auf Jesu Wort und Wandel sehn;
Wenn tausend Feinde um uns walten,
Bleibt Liebe, Demuth veste stehn;
Wo Christi Lehr und Demuth walt
Wird auch sein Kirch und Schul erhalt'n.

Laß uns die Kinderpflicht verwalten,
So gut der Herr uns Gnade gibt;
Und sorgen eh' sie thun veralten,
Schon früh zur Kirch und Schul schicken;
Sie lerner aus dem Wort und Grund,
Demuth, Tugend aus Lehrers Mund.

Mahnt Kinder ab vom Müssiggange,
Weist sie gelind zur Arbeit hin;
Denn Müssiggang nimmt manchen g'fangen
Der nichts als Böses thut und sinnt;

Lauft in der Welt hin, her und ab,
Zuletzt kommt er am Bettelstab.

O, sollten wir sie doch so sehen,
Die Gottesgab, die Kinderlein,
Auf solchen bösen Wegen gehen ;
Denkt doch wie groß der Schmerz müßt sein;
Wer Pflicht nicht acht und von sich wand,
Dem folgt der Lohn aus Gottes Hand.

Herr Jesu deine Gnad verleihe,
Laß Wort und Geist in uns fliesen,
Brich alle Feindes Peil entzwei,
Womit er täglich auf uns schießt ;
Gib daß wir durch dein Geistesgab,
Was dir mißfällig, wenden ab.

Hilf auch die edlen Kindergaben,
Die du, Herr Jesu, hast verliehn.
Weil wir zu schwach, von uns nichts haben,
So hilf durch deinen Geist sie ziehn ;
Gib Kraft und Muth sie nicht versäum'n,
Nicht uns und sie der Straf zuräum'n.

Hilf uns mit allem Ernst bemühen,
Zu thun wie es dir, Herr, gefällt ;
Von allen bösen Wegen fliehen,
Die doch die böse Welt voll hält.
Hilf uns im Wandel, Thun und Leben,
Den Kindern gutes Beispiel geb'n.

Haben wir nicht an unseren Kinder
Die Pflicht erfüllt wie dirs gefällt;
So schenke, Herr, doch unsre Sünden,
Die wir gethan auf dieser Welt.
Wir müssens auch vor dir gestehn,
Daß es gar oft und viel geschehn.

Herr lehre uns im Glauben beten,
Gib uns ein reines Herz zur Buß,
Im Grist der Demuth vor dich treten;
Mit David fallen dir zu Fuß;
Laß uns als deine Kinder dein,
Im Wort und Wandel bei dir sein.

Herr Jesu, bring uns all zusammen,
Zu dir, auch die zerstreuet sind;
Daß deine Kirch in deinem Namen,
Noch wachset, blüht und zunimmt;
Gieb treue Lehrer die vorgehen,
Und die Gemeinden fortbestehen.

Herr, segne unser Thun und Lassen;
Herr, segne unsre Kinderzucht;
Lehr uns die Demuthstugend fassen,
Und endlich bringen reife Frucht;
Zum Lob und Preis hier in der Zeit,
Und dort hernach in Ewigkeit.

Dies Liedlein schenk ich zum Abscheiden,
Der Jugend, Alten, Groß und Klein;

Gott wolle uns all zubereiten,
Zu seinem Reich und Herrlichkeit.
Ich fahre hin an diesen Ort,
Wo mir Gott dort bereitet hat.

No. 11.

Mel. Wer nur den lieben Gott läßt walten.

Nun auf ihr Christen, Christi Glieder,
Die wir den Namen tragen Christ,
Laßt uns bedenken aufs Neu wieder,
Ob wir erfüllet unsre Pflicht,
An unsrer Jugend jederzeit,
Was uns des Herren Wort gebeut.

Eins sollten wir uns recht bedenken
Hier in der letzten Lebenszeit;
Ob wir uns nicht zu viel hinlenken
Nach Hoffart und der Eitelkeit;
Und gehn zu viel in Schmuck und Flohr,
Selbst unsrer lieben Jugend vor.

Viel suchen sich ein Weg zu bahnen,
Hindurch zu Christo mit der Welt;
Sie thun sich ruhig dahin lohnen,
Sagen: „So g'nau ists nicht bestellt.“
Ob, von der Demuth viel gesagt,
Ein Manches sie spottweis veracht.

Wohl allen die Demuth hoch preisen,
Wie Jesus uns sie vorgemacht.
Uns selbst und andre dahin weisen,
Auf Jesu Wort und sein Befehl.
Er spricht noch heut zu mir und dir:
Kommt, lernet Demuth doch von Mir.

Der Glaubige der wirds auch finden,
Daß nichts hohes in Christo ist;
In Sanftmuth, Demuth und ohn Sünden,
Uns Sünder vorgewandelt ist.
Er ruft, er will daß ich und du
In Demuth ihm nachwandeln thu.

Und unser Kreuze auf uns nehmen,
Und in Gedult ihm tragen nach;
Und uns nicht seiner Worte schämen,
Die er uns hat vom Himmel bracht;
Wer sucht der find und wird gelehrt,
Daß Jesus uns nichts großes lehrt.

In seinem Wort können wir finden,
Wie niedrig die zu Jesu gehn
Die Krank sind, Lahme, arme Sünder,
Im Glauben seiner Hülf begehrn;
Sie Riefen nach ohne Ablahn;
Erbarm dich mein, du Davids Sohn.

Ein cananäisch Weib hintretet
Im Glauben rief sie Jesum nach;

Für ihre Tochter sehnlich betet,
Weil sie vom Feind war sehr geplagt.
Sie ließ nicht ab bis sie erhört,
Und Jesus hat ihr Bitt gewehrt.

So sollen wir zu Jesu treten,
Recht klein, demüthig und gebeugt
Für uns und unsre Kinder beten,
Um Gnade und ein heilgen Geist.
Der gute Geist den Feind austreibt,
Und Christi Geist im Herzen scheint.

O Seel', dies ist der Glaubensgrund
Der nicht hinket auf beider Seit.
Ein Sünder fühlt sein Seel verwundet,
Mit Thränen er sich niederbeugt,
Erwählte sich das gute Theil,
Mit Maria das Seelenheil.

Der Glauben ist Gott noch untreue
So lang der Mensch zwei Wege wählt;
Dies wirst du sehen und bereuen
Wann dir der Tod vor Augen steht;
Daß der Weg schmal, die Pforte klein;
Kein doppelt Joch geht dadurch ein.

Laßt uns den schmalen Weg erwählen,
Den Jesus hat für uns gebahnt.
Sein teures Wort so klar erzählet,
In dem ein Thor nicht irren kann;

Laßt uns bedenken doch in Zeit,
Es kommt hervor die Ewigkeit.

O, Jesu Christi, du Wegweiser,
Du Licht der Wahrheit aller Zeit;
Hilf uns die Tugend-Straße reisen,
Die du durch dein Blut hast bereit
In Demuth dir entgegen gehn,
Gerecht und heilig vor dir stehn.

No. 12.

Mel. Ermuntert euch ihr Frommen.

Auf, Kinder, kommt und säumet
Euch nicht hier mit der Welt;
Es sind nur lehre Träumen,
Was Freude dieser Welt;
Viel Lust und was den Augen,
Dem Fleische hier gefällt,
Das wird vor Gott nicht taugen,
In Quaal und Leid zerfällt.

Vor sich in Eitelkeiten,
Mit jenem reichen Mann,
Nur sucht sein Herz zu weiden
Mit Purpur sich kleid' an;
Der wird dort nicht bestehen,
Vor Gott in Ewigkeit;

Er wird dort nichts sehen,
Als Quaal und Herzeleid.

Drum, Kinder, laßt uns grauen
Vor solcher Quaal und Leid;
Thut nicht auf Weltlust bauen,
Sie währt nur kurze Zeit.
Was kann uns das denn nützen,
Aller Welt Pracht und Gut?
Dies wird uns nicht beschützen
Wann wir abscheiden thun.

Ach, Kinder, denkt ans Ende
Schon hier in früher Zeit;
Vor Abend kanns sich enden,
Daß sich der Tod uns zeigt;
Hier ist kein Zeit zu sparen,
Auf kurzer Pilgrims-Reiß.
Ob wir gleich jung von Jahren,
Der Tod drift oft in Eil.

Man weiß nicht Stund noch Zeiten,
Des Menschen Sohn erscheint
Zur Stund da man's nicht meinet,
Vielleicht wird weggeräumt.
Wacht auf! wacht jede Stunde;
Wacht, kehrt in euch selbst ein.
Die wachend hier erfunden
Werden dort Selig sein.

Kind, schau die Liebens-Armen,
Die Jesus euch ausbreit;
Er will sich dein erbarmen;
Dein Wille ihm verleih,
Er will bei euch einkehren
So ihr fallt ihm zu Fuß;
Laßt euch sein Wort belehren,
Thut Reu und Herzens-Buß.

Auf Buß und wahre Reue,
Will Jesus unser Schuld
Aus Liebe gern verzeihen,
Durch seine Gnadenhuld.
Drum, Kinder, laßt uns laufen
Auf Jesu Tugend-Bahn.
Den Bund der heilgen Taufe
Im Glauben nehmen an.

Nicht uns, nur Jesum leben,
Ferner hin, fort und fort
Als seine edlen Reben
Vest bleiben am Weinstock
Der seine Saft wird geben
Uns hier zur rechten Zeit;
Wachsen am Tugend-Leben
Zur Freud und Seligkeit.

O, Herr und Vater, segne
Dein arme Christenheit;

Führ uns auf rechtem Wege
Und mach uns selbst bereit;
Führ uns durch deine Weide,
Als deine Schäfflein ein!
Und bring uns all zusammen,
Durch deine Gnade Amen.

No. 13.

Mel. Lobt Gott, ihr Christen, allzugleich.

Hilf Gott, daß noch die Jugend werd
Durch deinen Geist regiert;
Hilf, daß durch sie dein Kirch auf Erd
Im Geist wird fortgeführt.

Durch sie dein Evangelium
Noch ferner wird gelehrt;
Die Gott zur Ehr und Deinem Ruhm,
Dein Reich noch wird vermehrt.

O Vater, wir befehlen dir
Uns in dem Pilgrimsstand,
Der du all Herzen lenkst, regierst,
Durch deine Weisheits-Hand.

Wir wollen, Herr, uns dir vertraun
Mit unsrer Jugend an;
Im Glauben auf dein Gnade schaun,
Dein Thun ist Wohlgethan.

Gib auch, uns Eltern, nun
Ein geistlich hörend Ohr;
Auf dein Wort auch bewandlen thun,
Zeigens der Jugend vor.

No. 14.

Mel. Bedenke, Mensch, das Ende.

Wie viel zu diesen Zeiten
Hört man hier in der Welt,
Gar viel Rumor und Streiten
Um Ehr, um Welt und Geld,
Und um das zeitlich Gute
Bestrebt sich mancher hart;
Denkt drauf im frohen Muthe,
Will sammeln mir ein Schatz.

Damit sich lustig machen,
Und bauet sich ein Haus,
Darin er seine Sachen
Mit Freuden kann üben aus;
Dies ist viel ihr Vergnügen,
Wohl hier in dieser Zeit;
Der arme muß sich biegen
Vor solgen großen Leut.

Wie hört man bei der Jugend,
An manchem End und Ort;

Ein Mensch der noch in Tugend
Muß leiden Hohn und Spott;
Sie Reden, Lachen, Scherzen,
Mit Ungerechtigkeit.
Mancher nimmts nicht zu Herzen,
Die letzt betrübte Zeit.

Es geht viel zu den Zeiten,
In Noa's Zeiten war;
Wird Gottes Wort verbreitet
Nimmts Mancher nicht mehr wahr;
Wird gleich vom Wort gesaget,
Wies Gott uns zeiget klar,
Könnens Viele nicht ertragen,
Und lästern drüber gar.

Ach Sünder, denk ans Ende,
Denk an die letzte Zeit;
Wie Jesus allen Ständen,
Die himmlisch Arch bereit;
Wach auf, halt dich bereitet,
Eh dir die Zeit zerfließt;
Zu spät die Händ darreichest
Nach ihr, wenn Gott zuschließt.

O Mensch, bestell dein Hause,
Weist keine Stund noch Zeit;
Der Tod trägt dich hinaus
Zur langen Ewigkeit.
Entsag den Eitelkeiten

Und was Welt-Lust und Freud;
Daß nicht mußt ewig leiden
In großer Quaal und Pein.

Wir sind doch nur vom Klöse,
Von Erdenkoth gemacht,
Und werden bald dem Schoose
Der Erde wieder bracht.
Glaubets, laßt uns nicht säumen,
Denn Jesus Christus spricht:
Ich bin der Weg zum Leben,
Kein andrer findet sich.

Drum laßt uns gehn den Wege,
Den Jesus selbst erwählt;
Auf schmalem Kreuzesstege,
Der nach dem Himmel führt;
Wer glaubt, sich ihm vertrauet
Mit ganzem Herzen und Sinn,
In Hoffnung auf ihn bauet,
Wird selig fahren hin.

Dort wird viel Freud erscheinen
Dem, der hier Buße thut;
Sein Sünd beklagt mit Weinen,
Wird in Vergebung ruhn;
Und wird im hellen Lichte,
In ewger Wonn und Freud,
Gott schaun von Angesichte,
Hinfort und ohne Zeit,

No. 15.

Mel. Nun ruhen alle Wälder.

Man wird die Welt oft müde,
Weil nur Angst, Noth, Unfriede,
Auf Erd' zu finden ist.
Erlebt man viele Jahren,
Lehrt manches zu erfahren
Und endlich wie ermüden muß.

Voll Unruh, Angst und Plagen,
Sind mehrstentheils mein Tagen
Auf dieser Erdenbahn;
Daß ich wohl könnte fragen,
In den oft müden Tagen,
Ach, Hüter, ist die Nacht bald hin?

Aber ich will nicht zagen,
In den ermüden Tagen,
Es wird bald ändern sich;
Die Nacht wird endlich weigen,
Der helle Tag sich zeigen,
Wo keine Nacht dann wird mehr sein.

Und was hier war Welt müde,
Wird können dort zum Friede
Und Ruhe gehen ein;
Wo uns mit Freud und Wonne,
Jesus, die helle Sonne,
Beleuchten wird fort ohne Zeit.

So will ich halten stille,
Weil es ist Gottes Wille,
Daß ich noch hier muß sein;
Und hoff, daß Gott in Zeiten,
Mich noch wird zubereiten
Zu seinem Reich und Herrlichkeit.

Mein Will sei Gott ergeben,
Im Sterben und im Leben,
Mit Leib und Seele hin;
Befehle mich am Ende,
Mein Gott, in deine Hände,
Mach es mit meinem Ende gut.

No. 16.

Mel. Geh, müder Leib, zu deiner Ruh.

Was sind wir Menschen hier auf Erd,
Wann uns geht alles wohl?
Nach Wunsch und Will wie mans begehrt,
Lebt man nicht wie man soll.

Denkt nicht, kommt in Vergessenheit
Was Gott uns Gutes thut;
Man lebt zu viel in Lust und Freud,
Tracht viel nach Geld und Gut.

Und wann der Mensch im Wohlstand thut,
Vergeßt den Herren sein,
So braucht der Herr endlich die Ruth,
Und sucht uns dadurch heim.

Durch Trübsal, Leiden, Schmerz und Noth,
Zieht uns der Vater heim;
Viel Züchtigung und Thränen-Brod
Muß unsre Speise sein.

O Vater, durch dein Güte, hast
Du mich so viel geliebt,
Und mich mit Maas gezüchtigt hast,
Der ich dich oft betrübt.

Ach, liebster Jesu, dir sei Dank,
Daß ich vom Leiden dein
Empfunden und gefühlet hab,
Ein Theil von Schmerz und Pein.

Willst du, Herr, wegen meiner Schuld,
Ins Leid'n noch ferner gehn.
So schenk mir Kraft, Muth und Geduld,
Auf dein Hülf hoff und seh.

Wann ich dann g'nug empfunden hab
Von Trübsal und Elend,
So brich entzwei mein Wanders-Stab;
Gib mir ein seligs End.

Ich hoff, in Jesu Haus ist dort
Ein Wohnung mir bereit,
Und wärs nur ein geringer Ort,
Wollt gern zufrieden sein.

Wanns nur in Jesu Hause wär,
Wo Ruh und Friede wohnt;
Könnt sein ein Hüter an der Thür,
Wie wohl wär mirs belohnt.

No. 17.

Mel. Es ist gewißlich an der Zeit.

Ich lobe dich, o großer Gott!
Mit frohem Dankgemüthe;
Daß du an mir oft in der Noth
Erzeiget deine Güte.
Gib mir, Herr Jesu, Geist und Licht,
Dadurch allzeit vergesse nicht
Wie sehr du mich geliebet.

Ich bringe dir ein Lobgesang,
Mich zu dir, Jesu, wende;
Und singe dir Lob, Preis und Dank,
Daß deine Gnaden-Händen
Geleitet mich, bei Tag und Nacht
Bewacht, in diese Stund gebracht,
Deß dank ich deiner Güte.

Auch mich Allzeiten, Stund und Jahr,
Bis in ein graues Altar,
In Trübsal, Noth, Angst und Gefahr,
So väterlich erhalten;
Auch deine Lieb und große Treu,
Ist worden mir all Morgen neu.
Gelobt sei, Gott, dein Name.

O Vater, deine Wunderhand
Mich wunderbar erhalten;
Vor Donner, Hagel, Feu'r und Sturm
Dein Gnade mich verwaltet.
O Gott, durch deine Lieb und Treu
Bin ich noch was ich bin und sei.
Gelobet sei dein Namen.

Vergesse was dahinden ist,
Mein Jesus will ich wählen;
Nach dem sehnen was vor mir ist;
Mit Sorgen mich nicht quälen.
Nur Eins möcht ich, Herr, in dir,
Dein Lob vermehren für und für,
Durch deine Kraft von oben.

O Jesu, aller höchstes Gut,
Laß dein Geist auf mich nieder;
Erweck mein Herz mit Kraft und Muth,
Im Beten, in Loblieder.
Ach Vater, deine Gütigkeit,
Die mach mich fernerhin bereit
Zum Himmel und ew'gen Leben.

56

No. 18.

Mel. Zeuch mich, zeuch mich mit den Armen.

Lobet alle Gott, den Herren,
Der unzählig und viel Guts
Hat gethan, und uns gesegnet
Mit so manchem schönen Gut;
Uns mit Speis und Trank erfüllt,
Auch mit Kleider, Deck umhüllt.

Unser Haus so wie auch Scheune,
Gott bewahrt vor Feu'r und Sturm!
Alles Vieh auch groß und kleinen,
Bis hieher gesorgt darum;
Uns gelassen unzerstört;
Lobet Gott, gebt ihm die Ehr.

Unsre Früchten in den Felder
Immer noch erhalten hat;
Auch das Wild in Feld und Wälder,
Von Gott seine Nahrung hat;
Der kleinste Wurm speißt Gott, wohlan
Lobe Gott was loben kann.

Ach Herr, fülle unsre Seelen
Mit Vertrauen, Liebensvoll
Alles in dein Hand befehlen,
Glauben, Lieben wie man soll,
Danken, Loben allezeit;
Für dein Gnad und Gütigkeit.

No. 19.

Mel. Herr Jesu Christ, dich zu uns wend.

Nun sind die reife Tage hin;
Verschwunden, hinderlassen klein;
Wann man's betracht und siehts bereit,
Was Bilder der Vergangenheit!

Wie hat sich doch die ganze G'stalt,
Natur, verändert und wie bald;
Wie traurig blickt die Sonne aus,
Aus ihrem trüben Wolkenhaus.

Die Gärden liegen öd und leer,
Darinnen blüht kein Blümlein mehr;
Im Felde sieht man keine Spur,
Von einer Ernde jetzt mehr nun.

Mensch bist du nicht das Ebenbild!
Dein Herz mit Dunkelheit umhüllt!
In Lieb zur Welt geschlafen ein,
Die Sonn im Herzen trübe schein.

Der Herzensacker liegt zerstört,
Die Seele kalt und unberührt;
Der Acker der noch blühen soll
Ist Unkraut, Dorn und Disteln voll.

Das Herz erfüllt mit Eitelkeit,
Denkt wenig an die Sommerszeit;
Wie doch der Herr durch seine Hand,
Gesegnet hat das ganze Land.

Der Herr, mit Ueberfluß gelabt,
Uns mit so manchem Gut begabt;
Doch ist dabei viel Streit und Zank,
Und wird nur wenig Gott gedankt.

Wach auf, o Mensch, öffne dein Herz,
Verehre Gott, treib keinen Scherz!
Denn die Natur lehrt Herz und Sinn,
Daß wir nichts haben ohne ihn.

Ach, schlafe nicht, wach auf in Zeit,
Im Glauben dein Herz zubereit,
Daß Gottes Wort, das Blümelein,
Dein Herz durchstrahlt hell Lichtenschein.

Die weite Landschaft vor uns hier,
Und der Haubtschmuck des Feldes hier,
Das grüne in ein mattes Kleid,
Uebergangen in kurzer Zeit.

So eilt des Menschen Leben hin,
In schneller Eil eh' man's wahrnimmt;
Wie Ros' und Blümlein bald verwelkt,
So aller Menschen Fleisch hinfällt.

Laßt uns sammeln früh, nicht zu spät,
Eh uns der Sommer vorbei geht;
Du sagen must er ist nun fort,
Und mir ist keine Hülf worden.

Schau in den Lüften hin und her,
Ist wenig G'sang der Vöglein mehr;
Sie sind nun viel im späten Jahr,
Geflogen aus in großer Schaar.

Schickten sich an auf ihre Reiß
Mit Singen, Loben Schaarenweis;
Ueber Berg, Thäler, Meer und Sand,
Fliegen ins warme Sommerland.

Ach, daß wir in der Gnadenzeit,
Durch Buß und Glauben zubereit;
Mit Singen, Beten, Gott bekannt,
Fertig zur Reiß ins Vaterland.

Dem Sündenberg und Meer entfliehn,
Von Gott durch Christum lassen ziehn;
Und mit dem Rock des Heils umwand,
Fliegen ins himmlisch Sommerland.

Wo keine Winterszeit wird sein,
Jesus, das Sonnenlicht, warm scheint;
Wo alles Lobt, mit Freuden Singt,
Ein ew'ges Triumphlied anstimmt.

Ach Jesu führe mich allzeit,
Durch meine kurze Lebenszeit;
Gib mir auch zum bedenken dann,
Daß ich nicht hier lang bleiben kann.

Zieh mich vom Schlaf der Wintersnacht,
Herfür zum Leben durch dein Kraft;
Mein Herz, du Sonne, durch dein Schein
Erwärmet und erquickt möcht sein.

Mein Herz dein Garden pflanze ein,
Mit Frucht des Geistes Blümmlein;
Die nicht verwelken nicht vergehn,
In voller Kraft bei Jesu stehn.

Laß den Gesang der Vögelein,
Allzeit zum Lob ein Denkmal sein;
Dir Gott, viel Lobensfrüchten bring,
Ins himmels Sommer dir Lobsing.

Und dort Gott loben immerdar,
Mit jener unzehlbaren Schaar;
Dein geistlich Manna mit zugleich,
Genießen mag in deinem Reich.

No. 20.

Mel. Kommt Kinder, laßt uns gehen.

Die Jesum hier gelebet
Werden, wann er erscheint,
Mit Freuden aufersteben;
Verklärt mit ihm vereint,
Gehen mit in sein Reich.
Werden mit schönen Weisen
Ihn loben, ehren, preisen,
Singen Halleluiah.

No. 21.

Mel. Ach Herzens-Geliebte, wir scheiden jezunder.

Wie sieht man die Erde so schön wieder grünen
Im Frühling, mit Gras und mit Blumen gezieret;
Sie glänzen und lachen in herrlicher Pracht,
Und zeigen ein Wunder der göttlichen Macht.

Die Bergen und Thäler mit Früchten umhüllet
Die Gräslein, all Blümlein mit Säften erfüllet;
Die Bäumen im Wald, mit Laub schön geziert,
Gott bringt es zum Wachsthum, schön, herrlich
herfür.

Die Sonne mit ihren hell wärmenden Strahlen
Erquiet die Erde, bringt früchten ohn' Zahlen;
Die Blümlein hell glänzent, schön, herrlich da stehn,
Kein Färber, kein Maler, kanns machen so schön.

Wie herrlich kann jeder aus dem Naturwesen,
Die göttliche Allmacht und Güte draus lesen;
Aus jedem Blümlein, all Wachsthum der Erd,
Zeigt Jesus uns wahrlich ein Himmel auf Erd.

Wir können im Herzen das Blümlein klar sehen,
Den Schöpfer und Heiland ja kräftig drin stehen;
Uns freundlich anlacht, in herrlichster Pracht,
Ruft dadurch uns Sünder zur Buß durch sein Kraft

Wer sich die Hand Gottes in dem läßt belehren,
Den wird es im Glauben zur Tugend hin führen;
Und suchet getreu, recht g'horsam zu sein,
Dem wird Jesus Alles, nur Alles hier sein.

Die Böglein mit ihren schön lieblichen Weisen,
Sie loben den Schöpfer für Tränke und Speise;
Sie bauen ihr Nestlein, sind fröhlich dabei,
Zufrieden, vergnüget, wies Gott thut verleih'n.

Wer sich all die Tugend der Schöpfung läßt g'fallen
Im Glauben und Liebe geduldig nachwallet;
Zufrieden, gelassen wies Gott ihm beschehrt,
Der sieht schon im Frieden ein Himmel auf Erd.

Die Erde kann uns ein schön herrlich Bild geben,
Wo Fromme, Gerechte mit Jesu dort leben;
In herrlicher Freud, frei von allem Leid,
Ihn loben und preisen hinfort ohne Zeit.

Wie herrlich wird es in den Wohnungen sehen,
Mit Jauchzen die große Schaar vor den Tron stehen
Solch Freud dort, mehr werth als alles auf Erd;
Wo kein Aug gesehen, kein Ohr nie gehört.

Ich bin zu arm, Herr, dein Güte zu erzählen,
Zu schwach u. thut mir an Kraft u. Worte fehlen;
Ich laß es ja sein; pflanz mir, Herr, nur ein
Dein Wort, das schöne Blümlein, in mein Herze
                              (ein.

Und mache in mir deinem Geiste dir Raume,
Daß ich werd durch dein Geist ein guter Frucht-
                              (baume;
Dir grünet und blüht, viel Früchten darbringt,
Und sie in den Garden des Himmels einführ.

22.

Mel. Lobt Gott, ihr Christen, allzugleich.

Ein Schul=Lehrer sind viel genannt,
Weil sie die Jugend lehr'n;
Dem es gefält in solchem Stand,
Der thuts mit Freud und Ehr.

Und wann die Schüler singen thun,
So hört er sie mit Freud;
Kann er nicht Menschen all recht thun,
Wenns Gott nur g'fällt allein.

Das wäre meine Lust und Freud,
Man sollts vergessen nicht,
Wenn kleine Kinder bei uns sein,
Erfüllen unsre Pflicht.

So wollen wir zur Schule gehn,
Lernen so gut ich kann;
Wird mir der liebe Gott beistehn,
So lerne ich sie recht dann.

Gott segne mich den ganzen Tag,
Laß mich gehorsam sein;
Dir Himmelsbürger ziehen mag,
Zu deiner Ehr und Preis.

Lehrer ich wünsch von Herzensgrund,
Den Segen von Oben;

Daß ihr sie lehret all Tag und Stund,
Von Herzen Gott zu loben.

Gott mach den Kinder doch in Zeit
Dein Wort recht offenbar;
Mach uns und sie recht zubereit,
Zum sel'gen neuen Jahr.

***

23.

Mel. Ermuntert euch, ihr Frommen.

Kommt, Kinder, nah und ferne,
Kehrt euch zu Jesu hin;
Dein Jugend schon dem Herren,
Schon früh mit Herz und Sinn,
Aufopfern früh in der Zeit,
Die ihn früh suchen da,
Werden ihn finden schon Heut,
Mit seiner Hülfe nah.

Er spricht: komm, Jugend komme,
Dein Herze gib mir Heut,
Erwählet was euch frommet,
Verlaßt die Eitelkeit.
Bist nicht zu jung zu sterben,
Lehrt die Erfahrung dich;
Denk oft wie Junge sterben,
In Sünd verweilen sich.

Drum tröſt euch nicht aufs Alter,
Wer weiß ob's Gott euch ſchafft;
Schiebts nicht auf und laßts walten,
Bis euch der Tod hin rafft.
Was werden ſolche ſehen,
Zu ſpät gekommen ſind;
Es wird ſein Ach und Wehe,
Die hier die Zeit verſchwend.

Ach, laßt die Sünd euch reuen,
Fall Jeſu heut zu Fuß;
Wie wird ſich Jeſus freuen
Ueber den der thut Buß;
Ihr müſſet ſelbſt dies ſagen,
Bei Jeſu beſſer iſt
Als bei der Welt all Tagen,
Die bald verlöſchet iſt.

Es wird euch nicht gereuen,
So ihr ein Bund richt auf,
Mit Jeſu der ſo treue,
Uns durch ſein Blut erkauft;
Er will daß ihr noch werdet,
Ein Zierde ſeiner G'meind;
Die Kirch durch ſein Geiſt auf Erd,
Geführt, gepflanzt mögt ſein.

Gebt eure zarte Herzen
Hin dem der euch begehrt;
Ihr machet ihm nur Schmerzen,

(3)

So lang die Sünd fortwährt;
Darum kommet, Alt und Jungen,
Gebt euch dem Heiland hin
Für uns am Kreuz gerungen,
Für uns die Sünd gebüßt.

Laßt uns die Welt verkaufen,
Um Jesu Christi Will'n;
Laß sich ein jedes Taufen,
Im Glauben auf Jesu hin.
Verspricht der Menschenheerde,
Wer ihm glaubt und getauft
Soll heil und selig werden;
Sein allerliebste Braut.

Laßt uns nicht länger weilen,
Im Sünden-Jammerthal;
Nur stets nach Jesu eilen
Der uns liebt allzumal;
Mit Herz und Sinn vertrauen,
Im reinen Sinn allzeit;
In uns sein Reich will bauen
In Zeit und Ewigkeit.

———————

O Heiland, bester Kinderfreund,
Erbarm du dich doch der Jugend;
Durch dich geführt, mit dir vereint,
Sind sie allhin dem Weg zur Tugend.

No. 24.

Ach Hirte, deiner Heerde,
Sei du ihr Trost und Schutz;
Sieh wie die Feind auf Erden,
Sich lehnen auf mit Trutz;
Sich wider dich empören,
Mit Heuchelschein der Lehr,
Dein Kirche zu zerstören,
Dein Erbtheil zu verheern.

Särk unsern schwachen Glauben,
Gott der betrübten Zeit;
Den Satan sucht zu rauben
Durch unsre Verzagtheit;
Dir, Gott, wir uns empfehlen,
Dein Weisheit kommt und siegt;
Läßt nichts übers Vermögen,
Uns in Versuchung führn.

O liebster Gott und Herre,
Dein Wort noch weit ausbreit;
Verirrte auf dem Wege,
Des Friedens zu dir leit,
Und suche, treuer Hirte,
Durch deinen heiligen Geist,
Die, welche Satan's Liste
Noch deiner Hand entreißt.

Wir sind dein Eigenthum hier,
Dein Volk ja hier auf Erd.
Laß dein Kinder doch nicht hier
Ein Raub des Feindes werd'n;
Dein Wort, dein Macht und Stabe,
Sei unsre Wehr und Licht;
So trennt des Feindes Raben,
Uns von dir Jesu nicht.

No. 25.

Mel. Lobt Gott, ihr Christen, allzugleich.

Ach fahre hin, du eitle Welt,
Fahr hin mit aller Pracht;
Dein Lustbarkeit mir nicht gefällt,
Drum sag ich dir gut Nacht.

Fahr hin, in dunkler Finsterniß,
Fahr hin bis an dein End;
Du find'st am Ende so gewiß
Nur Pein und groß Elend.

Wenn ich dies nehme in Betracht,
All Wohllust dieser Welt,
Durch Gottes Wort, mir's grauen macht;
Wann ich schau an ihr End.

Drum will ich lieber alle Tag
Mir dies erwählen mein:
Mit dem Volk Gottes ungemach,
Als bei der Welt zu sein.

Will wählen mir den Demuthsweg,
Der führt zum Himmel zu,
Drauf Jesus selbst den Grund gelegt;
Wer ihm folgt kommt zur Ruh.

Drum führe mich, o Jesu du,
Den schmalen Demuthsweg;
Deck mich mit deiner Gnade zu,
Und zeige mir den Steg.

Drauf führe mich, o Herr und Gott,
Durch dein Geist fort allzeit,
Bis ich komm durch die enge Pfort,
Zu deiner Herrlichkeit.

Adje, adje du böse Welt!
Ich laß dich hier zu sein;
Und zieh in Hoffnung hin ins Zelt,
Wo güldne Gassen sein;

Und Gottes Stadt gemauert ist
Von Gold und Edelstein;
Und Jesus selbst die Leuchte ist
Mit hellem Freudenschein.

Dort werden wir in Freuden sehn,
Die weiß gekleidte Schaar;
Mit Singen, Loben, mit Hingehn
Zu seinem Hochzeitsmahl.

***

No. 26.

Mel. Herr Jesu Christ, dich zu uns wend.

Was ist das Leben dieser Zeit!
Wie nichtig ist's, wie bald zerstreut!
Gleich wie der Rauch so bald vergeht,
Wenn Sturm und Winde durch ihn wehn.

Mein Seele denke oft daran,
Wie Nichtig hier die Lebensbahn!
Vor Abend kann es schon geschehn,
Daß du aus dieser Zeit mußt gehn.

Mein Herze wach, halt dich bereit,
Weil es bei dir nur Heute heißt;
Und Gottes Sohn vielleicht erscheint
Zur Stund in welcher du nicht meinst.

Drum wache, bete, denke viel
Wie kurz gesetzt dein Lebensziel;
Daß es ist nur wie ein Handbreit
So mußt du schon zur Ewigkeit.

Herr, lehre mich bedenken nun,
Daß ich einmal auch sterben thu';
Bedenken, daß ich muß davon,
Und werd empfangen meinen Lohn,

Nachdem ich hab in dieser Welt
Mein Thun und Leben angestellt,
Vor meinem Heiland, Jesum Christ,
Der für mich, Sünder, kommen ist.

O Hoffnung, die mein Herz erhebt:
Ich weiß, daß mein Erlöser lebt,
Der mich befreien kann aus Noth
Und nicht begehrt des Sünder's Tod!

Glaub vest! mein Herz sei wohlgemuth,
Dein Jesus kommen dir zu Gut;
Eröffne ihm dein Kämmerlein;
Dein Jesus will dort wohnend sein.

Halt an! fahr fort, dein Lauf vollend,
Mit Wachen, Beten bis ans End;
Streit vest und kämpf bis du die Last
Mit Jesu überwunden hast.

Erfreut wird dann die finstre Nacht,
Mit ihrem Kummer sein vollbracht;
Und wirst im hellen Lichte nun,
In deines Jesu Arme ruhn.

Mein Jesu willst du kommen bald,
Bin lebenssatt und g'nugsam alt;
Ach, hole mich, wanns dir gefällt,
Hinauf ins güldne Himmelszelt.

Herr, doch nicht wie ich will es geh',
Nur, Gott, dein Will' allein gescheh';
Befehle dir am letzten End,
Mein Geist, o Gott, in deine Händ'!

No. 27.

Mel. Wer nur den lieben Gott läßt walten.

Ich weiß, ich werde bald hinscheiden,
Von euch, ihr meine Kinder, all;
Von Brüder, Schwestern, und von Freunden
Aus diesem Jammer, Thränenthal;
Von allen die mich hier gekannt,
In Hoffnung nach dem Kanaan.

Wo noch kein Auge nie gesehen,
Wie lieblich schön im Kanaan;
Und auch kein Ohr noch nie gehöret,
Die Freude über dem Jordan,
Wo Leid und Trübsal abgewand,
Dort drüben im gelobten Land.

Herr Jesu, durch dein Geist mich führe,
Hinfort durch diese Wüstenei;
Mit Kraft und Muth mein Herz regiere,
Daß ich ein treuer Wandrer sei;
Und führ mich über den Jordan
Zu dir, Herr, ins gelobte Land.

Ach Vater! ich noch von dir bete:
Im Namen Jesu wollst du mir
Vergeben meine Sünd und Fehler,
Der ich so viel gethan allhier;
Ich bring dir mein geringe Gab
Mit allem was ich bin und hab.

Ich werfe hin die g'ringe Gab,
Zu deinen Füßen, Herr, allein
Kann dir die Schuld niemals bezahlen;
Ganz nackt und bloß vor dir erschein,
Und bet um Gnade und Geduld;
Wollst schenken mir, Herr, meine Schuld.

O Herr! ich bete von dir eben,
Mach mich recht willig und bereit,
Von Herzen denen zu vergeben
Die mir mit Unrecht thaten Leid,
Und bitt für sie, o Gnadenlicht,
Behalte ihre Sünde nicht!

Hab ich mit Unrecht was begangen
An euch ihr Kinder, und an Freund,

Vergebet mir, ist mein Verlangen,
Es reuet mich, mein Herze weint;
Was ich gethan mit Unbedacht
Das schenkt mir doch zur guten Nacht.

Ach lieber Moses, wahrer Leitsmann!
Führ uns all durch die Wüstenei;
Bring uns über den Todes-Jordan,
Ins schöne Kanaan hinein;
Wo alles jauchzt mit Lobgesang
Auf ewig, im gelobten Land.

O Gott! ich bet für mich und alle
Die mir nicht wohl gewogen sein;
Mach uns nach deinem Wohlgefallen,
Durch deinen Geist mit dir vereint;
Und bring uns endlich all zugleich
Zu dir ins himmlisch Paradies.

No. 28.

Mel. Lobt Gott, ihr Christen, allzugleich.

Der Frühling kommt, die Erd erwacht
Aus ihrem Schlaf herfür;
Wenn Gott ihr ruft durch seine Macht,
Bricht sie im Glanz herfür.

Sie ist getreu, wenn Gott ihr ruft
Durch Sonnenwärme hie,
So bringt sie Brod, Nahrung genug
Für Menschen und für Vieh.

Die Vögelein, all Kreatur
Merken der Zeitenlauf;
Dankend für das was Gott ihnen thut,
Zur Nahrung träget auf.

Sie loben Gott und sorgen nicht
Für ihre Speiß und Trank;
Früh Morgens ist ihr Sinn gericht,
Zum Lobe, Preis und Dank.

O Mensch, nimm wahr die Erd und seht,
Wenn Gott ihr ruft wacht auf,
Wie sie in ihrer Ordnung geht,
Im Glanz und schönem Lauf.

O Mensch, Gott ruft an allen End,
Wach auf vom Sündenschlaf;
Kehr in dein Herz, dich zu mir wend,
Folg meinem Rufe nach!

Und sorget nicht so viel all Tag
Für Kleider, Speiß und Trank;
Gott nährt all Ständen allzumal,
Aus seiner Gnadenhand.

Steh auf, o Mensch, Gott rufet dir,
Wach auf, eins ist dir Noth:
Bekehre dich und glaube mir,
Ich bin das Lebensbrod,

Wo unsre Seele nähren kann
Mit Geist und Lebenskraft;
Ihn g'horsam zu Gott führen an,
Der alles wirkt und schafft.

So lasset uns mit Herz und Mund,
Mit allen Vöglein lob'n.
Gott sorgt für Leib und Seel all Stund,
Durch sein Gnade von oben.

So wollen wir gehorsam sein,
Auf seine Güte traun;
Und wie Gott will zufrieden sein,
Auf seine Hülfe schaun.

Bis wir dann endlich all zugleich,
Aus Gnaden dort oben
In himmels Glanz und Herlichkeit
Auf ewig Gott loben.

Die folgende Gedichte sind von anderen Autoren, welche auch klagen mußten in ihrem Stand der Trübsal, dieser Zeit Leiden, und haben Trost gesucht in dem Worte Gottes. Haben sich unter einander getröstet auf die Erlösung des Herrn, in derselben auszuharren in der Hoffnung und Geduld bis an das Ende ihrer Tage; haben also gehoffet auf die Seelenruhe, die in Christo Jesu ist.

No. 1.

Mel. Freu dich sehr, o meine Seele.

Ich bin ja ein Mensch geboren
In das Jammer, Thränenthal;
Ich bin ja dazu erkohren,
Und muß denken tausendmal:
Ach, ich armer Erdenklos!
O, viel Kummer, Kummer groß
Sind hier alle meine Tage,
In der Welt und ihrer Nage.

Wann ich überhaupt die Zeiten
Ueberleg und denk ihr nach,
Kann ich mir ja keine Freuden
Denken, daß ich mir noch mach,
Auf der Erden, ist keine Freud,

Nichts als lauter Eitelkeit.
Ja, viel Ungemach und Klage
Sind hier alle meine Tage.

Ist auch wohl ein Tag vergangen,
Ja mit Glück, ja Wunsch und Freud,
Ja dann kommt der Abend gangen,
Bringet wieder Kreuz und Leid;
Ach, so ists in dieser Welt
Mit viel Kummer angestellt,
Daß ein jeder Tage habe
Seine Last und seine Plage.

Mit Geduld will ich verharren,
Auf das Ende diesem Leid;
Mit Geduld will ich es tragen
Bis ich aus dem Leid abscheid;
Geh ich wohl zu meinem Gott,
Ja, aus aller Angst und Noth;
Werd ich ewig, ewig leben,
Und in Freuden ewig schweben.

No. 2.

Mel. Freu dich sehr, o meine Seele.

Seele, höre auf zu klagen,
Mach dein Klagen nicht zu groß;
Denn das Klagen deiner Tagen

Mehret nur die Kümmerniß.
Lieber, hoffe du auf Gott,
Der dich führen kann aus Noth,
Und kann alles Leiden stillen,
Wann es ist sein großer Willen!

Seele, denk daß deine Zeiten,
können nicht ohn' Kummer sein ;
Wollst du lauter Lust und Freuden,
Lieben in der Welt allein ;
Ach, das wär nur Eitelkeit
Und vergehet mit der Zeit ;
Wann die Zeit der Trübsalstagen
Dich zu Jesu übertragen.

Drum, o Seel, laß doch dein Klagen,
Denke du an Jesum viel,
Wie er mußt sein Kreuze tragen,
Wie er leidet in der Still ;
Er war ohne Freud der Welt,
Er litt nur was Gott gefällt ;
Also waren seine Tagen
Lauter Lieb und Kreuz zu tragen.

Liebe Seele, sei ganz stille,
Richte dich zu Jesu hin ;
Wie ers fügt nach seinem Wille
Ach, so halte du ihm stille,
Dann er ist der wahre Gott,

Der dich führen kann aus Noth;
Und wird alles Leid versüßen,
Wann du wirst dein Leben schließen.

***

No. 3.

Mel. Es ist gewißlich an der Zeit.

Ich weiß, daß mein Erlöser lebt!
Auf Felsen steht mein Glauben;
Ich weiß daß er mich auch erhebt,
Aus der Verwesung Staube!
Er lebt fürwahr, der starke Held;
Sein Arm, der alle Feinde fällt,
Hat auch den Tod bezwungen!

Ich habe Muth und Freudigkeit,
So sehr der Tod mag dräuen;
Was er zerstöret und zerstreut,
Wird Jesus einst erneuren;
Mein Leib, mein sterbliches Gebein,
Sinkt immer in die Gruft hinein,
Das Grab umschließt nicht ewig.

Mein Heiland lebt! so mag sich nun
Mein Leib zum Staube strecken;
Ich weiß er kommt und wird auch mich
Zum Leben auferwecken;
Er wird mich rufen aus dem Grab,

Wenn ich genug geruhet hab,
So weckt sein Ruf mich wieder!

Aufs neu umschließt mich diese Haut
Und eben diese Glieder;
Ein neuer Bau von Gott erbaut,
Wird dann mein Körper wieder;
Und herrlicher als er hier war,
Nicht mehr entstellt, nicht wandelbar,
Vom Sterben frei auf ewig.

Zwar wird der Leib der Sterblichkeit
Der hin zum Tode ziehet,
So aufgelöst, so weit zerstreut,
Daß er uns ganz entfliehet;
Jedoch wie weit zerstreut er wär,
Dem Weltenschöpfer ists nicht schwer
Ihn wieder herzustellen.

Erneut wird alles wiederstehn
Wie es zuvor gewesen;
Was niederlag wird Gott erhöhn,
Was schwach war wird genesen;
Was die Verwesung hier zerstört,
Was hier der Zeitenlauf verzehrt,
Das wird Gott wieder bringen.

O, Hoffnung die das Herz erhebt,
Verbann des Todes Grauen;
Ich werde den der Ewig lebt,

In meinem Fleische schauen ;
Der Leib der hin zum Staube sinkt,
Erhebt sich wenn mein Jesus winkt,
Vom Staube, ihn zu schauen.

Ich selber werd in seinem Licht
Ihn sehn und mich erquicken ;
Mein Auge wird sein Angesicht,
Und wie so froh, erblicken !
Zum ewgen Leben eingeweiht,
Werd ich ihm dienen ohne Zeit,
Ich selber und kein Fremder !

Trotz sei nun allem was mir will
Das Sterben furchtbar machen ;
Der Leib der in den Staub hin fiel
Wird froh daraus erwachen;
Ich zage nicht obgleich der Tod
Dem Körper mit Verwesung droht,
Denn mein Erlöser lebet.

No. 4.

Mel. Zeuch mich, zeuch mich mit den Armen.

Was mag uns von der Lieb scheiden
Die in Christo Jesu ist ?
Sollten wir viel Trübsal leiden
Die das Herz beschwert und frißt !

Bleiben wir nur unbetrübet,
G'nug wann uns nur Jesu liebet.

Jesus hat uns heut verschrieben,
Hat das Pfand mit Blut gemacht;
Liebe hat ihn angetrieben,
Hat sein Leben nicht geacht;
So wir dulden unbetrübet,
Heil uns, daß uns Jesum liebet.

Wann die Welt gleich Netze stellet,
Jesus hat ein Liebesband;
Wann der Satan uns will fällen,
Jesus halt uns an der Hand;
So wir leiden unbetrübet,
Schutz ist weil uns Jesum liebet.

Andre mögen Schätze graben,
In Jesu Lieb sind wir reich;
Wer will ein solches Gut nicht haben,
Dem doch nichts auf Erden gleich;
Gehn wir allzeit unbetrübet,
Schatz g'nug weil uns Jesus liebet.

O du liebe Jesu Liebe!
Unser Theil ja Schatz und Schutz;
Erhalt uns in solchem Triebe
So biet'n wir dem Feinde trutz;
Endlich Sterb'n wir unbetrübet,
Trosts g'nug weil uns Jesus liebet.

Jesu ich will dein Kreuz tragen,
Aus Lieb du's getragen hast;
Liebst du nur so magst du schlagen,
Es bringt Ruh nach aller Last;
Wohl wirds müden Seelen thun,
Die nach aller Arbeit ruhn.

No. 5.

Mel. Lobt Gott, ihr Christen all zugleich.

Der Weg der nach dem Himmel leit
Der ist nur eng und schmal;
Jedoch er ist genugsam breit
Für Gottes Kinder all.

Er führet nach Verachtung hin,
Durch Haß und Spott und Hohn;
Durch manchen bangen trüben Sinn,
Doch Jesus ist der Lohn.

Der Mensch hat auch kein ander Heil,
Will er einst selig sein;
Will er am Himmel haben Theil,
Als Jesus nur allein.

Wer übertritt und bleibet nicht
In Christi Lehr und Wort,
Der fält in Gottes Strafgericht;
Er selbst hat keinen Gott.

Wer sagt er könne Jesum Christ,
Hält sein Gebote nicht,
Der liebet ja die Wahrheit nicht;
Wie selbst Johannes spricht.

Bau nur dein Haus nicht auf den Sand;
Grab tief, such überall,
Sonst wann ein groß Gewässer kommt,
Thuts gar ein großen Fall.

Bau nicht auf eines Menschen Lehr,
Allein auf Jesum Christ
Und auf die ganz Apostel-Lehr,
Die lauter Wahrheit ist.

Dazu auch noch auf Pauli schau,
Der selbst den Grund gelegt;
Ein Jeder such wie er drauf bau;
Ob es auch Probe trägt.

O glaubts und folget Jesum nach,
Wollt ihr sein Jünger sein;
Sein Last ist leicht, sanft ist sein Joch;
Er läßt uns nicht allein.

Lügt man euch Uebels allerlei —
Hat Jesus uns bericht —
So segnet und seid froh dabei;
Thut wohl und fluchet nicht.

No. 6.

Mel. Nun ruhen alle Wälber.

So wünsch ich dir als Bruder,
Weil du mußt mit ans Ruder,
Des Herren sein Beistand;
Der Herr woll in dir wirken,
Durch seinen Geist dich stärken;
Ja, Jesus reiche dir die Hand.

Daß du nicht mögst verzagen,
Wann du siehest Wind und Wogen
Aufsteigen aus dem Meer;
Sondern thu Gott vertrauen,
Thu stets nach Jesu schauen
Und ruf: O Jesu, hilf du mir!

Dann wirst du Gnad erlangen,
Der Herr wird dich umfangen,
Er wird dich sicher führn.
Drum such in Sturm und Nächten
An Jesu dich zu heben;
Laß dich durch seinen Geist regirn.

Bitt Gott um Kraft und Stärke,
Zu deinem Ruf und Werke
Wozu er dich ersehn;
Bitt Gott um Licht und Weisheit,
Bitt für Demuth und Keuschheit,
Bitt daß dein Herz voll Liebe brenn.

Ja, trachte stets in Allem
Wie du mögst Gott gefallen,
In allem deinem Thun,
Lehr Gottes Wort und Willen;
Wirst du dies treu erfüllen,
Bringt dir ein unverwelkte Kron.

Du bist gesetzt als Wächter,
Sei auch ein guter Leichter
Für andre neben dir;
Such dein Gespräch zu lenken
So, daß du stets kannst denken,
Es sei holdselig anzuhörn.

Stell dich selbst zum Vorbilde,
Halt vest am Glaubensschilde
Und jag dem Frieden nach;
Wend nicht vor deine Jugend,
Bestreb dich nur nach Tugend,
Dann folgt dir Gottes Liebe nach.

Stehst du auf Zions Mauren,
Und fühlst voll Angst und trauren,
Dann blicke Himmelan;
Und denk daß dieses Leiden
Nicht werth sei denen Freuden
Die dir verheißen sind zum Lohn.

No. 7.

Mel. Zeug mich, zeug mich mit den Armen.

Jesum will ich nimmer lassen,
Sondern tief ins Herze fassen;
Jesus soll stets sein mein Theil,
Meiner Seele Schmuck und Heil;
Wann mich meine Sünden schrecken
Will ich mich mit Jesu decken.

Dann was frag ich nach dem Tode,
Jesus hilft aus aller Noth!
Jesus, Jesus wird mir geben,
Nach dem Tod ein neu Leben!
Kommt der Satan, greift mich an,
Jesus ist der helfen kann.

Jesus bleibet meine Ziere,
Er bleibt bei mir für und für.
Jesu laß mich wohl bedenken,
Daß ich Erd und Asche bin;
Jesu laß michs doch nicht kränken,
Wann der Tod mich nimmt dahin.

Steh mir bei am letzten Ende,
Drücke mir die Augen zu,
Nimm die Seel in deine Hände
Und führ sie zur wahren Ruh;
Unter Jesu Flügel wohnen,
Bei den Frommen im Licht thronen.

No. 8.

Mel. Frisch auf, mein Seel, verzage nicht.

Es wollt ein Mägdlein Waſſer guth
Holen an einem Brunnen;
Ihr Krug auf Achſeln nehmen thut,
Bei Niedergang der Sonne,
Ein ſchöne Jungfrau unverſehrt,
Von Leib und auch von Tugend;
Viel Glück ward ihr von Gott beſchert
In ihrer zarten Jugend.

Zum Brunnen ſie, dem nächſten, ging
In aller Zucht und Ehre;
Ihr G'ſchirr zu füllen da anfing,
Wollt wieder heimwärts kehren;
Ein Mann ihr da entgegen kam,
Des Abrahams Knecht fromme;
Er ſprach, als ſie es wunder nahm,
Fürcht dich nicht daß ich komme.

Zu trinken er von ihr begehrt,
Mit faſt freundlichen Worten;
Der Waſſertrank ihm ward gewährt
Von ihr gleich dieſem Orte
Und da ſie ihn getränket hat,
Sprach ſie: Thuts dir gefallen,
Dein' Cameel'n will ich in der Stadt
Zu trinken geben allen.

Der Mann auf sie hat eben acht,
Thut sie freundlich anblicken;
Ihr Weis und G'berten still betracht,
Dacht, die Sach will sich schicken.
Er sprach: Ach, liebe Tochter mein! —
Und wollt es kurz abbinden —
Weß bist? wer mag dein Vater sein?
Kann ich Raum bei ihm finden?

Sie antwortet: weißt daß ich bin
Bethuels Tochter, reine?
Wann du bei uns magst kehren ein,
Wirst werth sein als ich's meine.
Der Mann sich neuget, dankte Gott,
Ehrt sie mit güldnen Gaben;
Die schöne Kleinod ohne Spott
Zum G'schenk sollst von mir haben.

Rebecca eilents lief davon
Mit Freud und doch mit Grausen;
Zeigt alles ihrem Vater an
In ihrer Mutter Hause;
Ihr Brüder loben gleichermaß,
Gingen aus dem Mann entgegen;
Was stehst du braußen auf der Straß?
Kehr ein wir woll'n dich pflegen.

Im Haus' ward er empfangen wohl;
Man wollt ihm Essen geben,
Er sprach dies nicht geschehen soll;

Hört und vernehmet erst eben,
Mich hat gesandt mein Herr Abraham
Seim Sohn ein Weib zu wählen ;
Ein teuren Eid er von mir nahm,
Mich treu hier einzustellen.

Nun hat mein Sinn mich nicht bethört,
Gott wird wir eine zeigen,
Und hat hierin mein Bitt erhört,
Rebecca ist sein eigne ;
Es steht zwar in eurer Willkür ;
Thut ihr euch nun beschliesen
Und wollt sie ziehn lassen mit mir
So laßt es mich doch wissen.

Der Vater und die Mutter gleich
Ihr Antwort thun beschliesen ;
Die Sach schickt Gott vom Himmelreich,
Wen sollt es da verdriesen,
Doch wollen wir die Tochter auch
Um ihren Willen fragen ;
Wie es ist also der Gebrauch ;
Woll'n hörn was sie thut sagen.

Rebecca gab den Willen drein ;
Die Eltern zum Knecht sprachen,
Sie mag des Isaac's Hausfrau sein ;
Gott wolle sie glücklich machen !
Drauf thut sie der Knecht tugendreich
Mit Gold und Silber zieren ;

Darauf bald mit ihren zugleich
Heim zu seinem Herrn führen.

Und als sie Isaac sah von Fern,
Im Feld zu ihr sah kommen
Verhüllt sie sich vor ihrem Herrn,
Der sie froh aufgenommen.
Er führt sie heim, sie ward sein Weib,
Thut freundlich sich erweisen,
Er liebt sie als sein eignen Leib,
Thut Gott, vermuthlich, preisen.

So solltens alle in der That
Die in den Ehestand gehen,
Daß es nach dem Befehl und Rath
Des Herren sollt geschehen.
Ach Gott, verleih durch deine Gnad' —
Darum thu ich dich beten —
Daß durch solch aufrichtigen Pfad,
All in den Ehestand treten.

No. 9.

Mel. Herr Jesu Christ, dich zu uns wend.

Ich weiß einmal muß ich sterben,
Und kann nicht allzeit hier bleiben;
Der Sünden sind oft viel geschehn,
Wie werd ich einst vor Gott bestehn?

Und wann ich dann gestorben bin,
So legt man mich im Sarge hin,
Dann kommen ihrer Vier im Lauf,
Tragen mich aus des Vaters Haus.

Wohl auf den Kirchhof trägt man mich,
Unter die Erd begräbt man mich;
Dort lieg ich dann bis gelb und weiß,
Bin aller Würmer ihre Speiß.

Dann gehen sie vom Grab hinweg,
Wo meine Freund mich hingelegt;
Essen, trinken fröhlich dabei,
Denken nicht wohin ich kommen sei.

Und wann die Glock verliert den Ton,
Haben sie mein vergessen schon;
Dann kommen meine Freund gemuth,
Und theilen mir mein Hab und Gut.

Sie theilen es, sind froh dabei,
Ob's schon nur zeitlich, irdisch sei;
Theilen's mit Hader und mit Zank,
Und sagen mir nur wenig Dank.

No. 10.

Mel. Herr Jesu Christ dich zu uns wend.

Ich hab als Lehrer viel Sorgen,
Mit Müh und Arbeit vom Morgen

Bis an den Abend, an die Nacht,
Mit Lehren habe zugebracht.

Viel Mägdlein und viele Knaben,
Auf meiner Seele zu haben,
Ist wahrlich eine schwere Pflicht,
Von einem drückendem Gewicht.

Doch thu ich es in Lieb und Freud,
Solch ein heerd Schäflein zu weiden,
So weit die Lehre Jesu trift,
Machet uns selig nach der Schrift.

Denn die großen starken Geister,
Beschämen oft ein Schulmeister;
Der in sein pflicht'gen Hirtenamt,
Mit allzugroßem Eifer flammt.

Der Kinderherz mild regiren,
Und sie zur Tugend hinfuhren,
Durch rechten treuen Unterricht;
O, welch ein werthe süße Pflicht!

Das Lesen, Singen, Beten, Schreib'n,
Mit künftgen Burger hier treiben
Und sie mit treuer Bildungshand
Bereiten für das Vaterland.

Dies ist dann Schulmeisters Würde,
Drum träg ich gerne mein Bürde,

Und meinen treuen Hirtenstab
Geduldig bis ins kühle Grab.

Wann ich dann die Orgel spiele,
Gemüths vom göttlichem Gefühl,
Und die Gemeinde mit mir singt,
O, wohl es mir im Herzen klingt!

Ein Organist war der Autor dieses Lied-
leins. Als Schullehrer im Glauben. Ach,
daß noch Viele solche wären.

No. 11.

Mel. Lebt Jemand so wie ich.

Wie arg ist diese Zeit!
Wie bitter bös die Leut!
Ach, diese letzte Tagen,
Erfüllen Pauli's Klagen,
Weil es in mehr und mehr
Recht gräulich geht daher.

Der andre lehren soll
Ist selber Irrthumsvoll,
Die Lichter dieser Erden
Sieht man oft dunkel werden;
Wie mancher sucht nur sich
Und läßt die Heerd' im Stich.

Statt der Gerechtigkeit
Gibt Frevel der Bescheid;
Durch Gaben und Geschenke
Und engverschraufte Ränke
Muß die gerechte Sach
Der Bösen geben nach.

Trau keinem Menschen mehr!
Auf Eid, auf Seel und Ehr,
Gesicht und Wort betrügen;
Man hält nunmehr das Lügen
Für einen bloßen Scherz;
Betrübt ein frommes Herz.

Schand, Unzucht, Büberei,
Treibt man ohn alle Scheu!
Die Sonne muß jetzt sehen
Was sonst bei Nacht geschehen;
Der Mond der ruft jetzt stumm:
O Sodam, du bist fromm!

Cleopatra deine Pracht
Wird heute nur verlacht,
Von unsern stolzen Tocken,
Die andre an sich locken.
Herodis Königs-Kleid
Läg im Verkauf heut.

Die Welt macht vor dem End,
Ein richtig Testament;

Drum will man nimmer sparen,
Läßt alle Sorgen fahren;
Wie Rechnung werd gethan,
Da denke man kaum daran.

Wer noch will redlich sein
Und mischet sich nicht ein,
In dieses Luder-Leben,
Muß in Verachtung schweben;
Wer nicht mitmachen kann,
Den speit man gleichsam an.

Nicht zwar die Hohen nur
Verlieren ihre Spür;
Es will bei den geringen
Auf gleiche Weise klingen;
Auch der einfältig Hauf
Folgt dem gemeinen Lauf.

Auch bei dem Bürgerstand
Nimmt Unrecht überhand;
Man ist dem guten Leben
Und Müßiggang ergeben;
Bringt es dem Geld Gefahr,
So schlägt man's auf die Waar.

Durch große Schinderei
Treibt man das Geld herbei;
Berücket man die Bauren,
So tränkens diese Lauren   (4)

Dem Bürger wieder ein,
Und die sind auch nicht rein.

Dann weil sie ihre Pracht
Zu treiben sein bedacht,
So können sie nicht feiern
Die Arbeit zu vertheuren,
Und trotzen Guth und Hab,
Dem Nächsten gleichsam ab.

So herrscht des Teufel's Reich,
Fast allen Arten gleich,
Und läßt sich sichtbar sehen,
Wer es nur kann verstehen;
Mord, Lügen, Sünd und Schand
Beherrschen alle Land.

Der ganze Grund der Welt,
Besteht auf Guth und Geld;
Wer nicht damit versehen
Kann bei der Welt nicht stehen;
Drum lauft auch ohne Ruh
Dem Mammon alles zu.

Wenn ferner noch die Welt,
So ihren Staat erhält,
So wird noch von der Erden
Gott selbst verstoßen werden;
Doch nein, o Seele! nein
Gott wird bald sehen drein.

No. 12.

Mel. Kommt her zu mir, spricht Gottes Sohn.

Ach Herr Gott! gieb uns deinen Geist
Von Oben, der uns Beistand leist,
Im Hören und im Lehren.
Vergieb die Sünd, Andacht verleih,
Das Herz bereite, daß es sei
Munter zu deinen Ehren.

Den Glauben mehr, die Hoffnung stärk,
Laß unsre Seel bei diesem Werk
Zu dir, Gott, sich erheben!
Gib daß wir hören nicht allein,
Nein, sondern wahre Thäter sein,
Und nach dem Worte leben.

No. 13.

In eigener Melodie.

Morgens früh wann ich aufsteh
Und zu meiner Arbeit geh,
Bitt ich Gott um seinen Segen,
Daß er mich will ganz verpflegen,
Und bewahren vor der Sünd,
Die mich ins Verderben bringt.

Wann ich bei der Arbeit bin
Denk ich stets in meinem Sinn;

Mein Gedanken, Thun und Lassen,
Auf den Feldern, auf den Straßen,
Das soll dir, o Gott, allein
Als ein Opfer geschenket sein.

Wann ich esse zu Mittag,
Selbsten heimlich zu mir sag:
Diese Speiß will ich genießen
Und dabei mein Jesum grießen;
Ihm sag ich nun Lob und Dank
Für die liebe Speiß und Trank.

Wann das Essen ist vorbei,
Mich vor keiner Arbeit scheu;
Ob ich schon dabei muß leiden,
Denk ich an die Himmelsfreuden,
Die mir Gott so treu verspricht.
Mein Arbeit mit Fleiß verricht.

Wann ich bin im grünen Feld,
Underm blauen Himmelszelt,
Thu ich meine Stimm erklingen,
Und mit allen Böglein singen;
Loben, preisen meinen Gott,
Der mir hilft aus aller Noth.

No. 14.

Mel. Lobt Gott, ihr Christen, allzugleich.

Auf, Seele, auf und säume nicht,
Es bricht das Licht herfür;
Der Wunderstern gibt dir Bericht,
Der Held sei vor der Thür!

Geh' weg aus deinem Vaterland,
Zu suchen solchen Herrn;
Laß deine Augen sein gewandt
Auf diesen Morgenstern!

Gib Acht auf diesen hellen Schein
Der dir auf'gangen ist;
Er führet dich zum Kindelein,
Das heißet Jesum Christ!

Er ist der Held aus Davids Stamm,
Die theure Sarons Blum;
Das rechte, echte Gotteslamm,
Israels Preis und Ruhm.

Drum höre, merke, sei bereit,
Verlaß des Vater's Haus,
Die Freundschaft, deine Eigenheit;
Geh von dir selbsten aus.

Und mache dich behende auf,
Befreit von aller Laſt;
Und laß nicht ab in deinem Lauf,
Bis du dies Kindlein haſt.

Du, du biſt ſelbſt das Bethlehem,
Die rechte Davids Stadt,
Wenn du dein Herze machſt bequem
Zu ſolcher großen Gnad.

Da findeſt du das Lebensbrod
Das dich erquicken kann ;
Für deiner Seele Hungersnoth,
Das allerbeſte Man'.

Nimm wahr, mein Herz, doch deiner Sach
Als gingſt du ganz allein;
Und forſche weiter fleißig nach,
Und ſuch das Kindelein !

Halt' dich im Glauben an das Wort,
Das veſt iſt und gewiß ;
Das führet dich zum Lichte fort,
Aus aller Finſterniß.

In ſolchem Lichte ſiehet man
Das wahre Licht allein ;
Ein armes Menſchenkind das kann,
Nur davon Zeuge ſein.

Johannes selbst, ders treulich meint,
Der zeuget ja von sich,
Daß er sei nur des Bräutigams Freund;
Zu solchem nahe dich.

Ersinke du vor seinem Glanz
In tiefste Demuth ein,
Und laß dein Herz erleuchten ganz
Von solchem Freudenschein.

Gib dich ihm selbst zum Opfer dar,
Mit Geiste, Leib und Seel',
Und singe mit der Engelschar:
„Hier ist Immanuel!"

O wunderbare Süßigkeit,
Die dieser Anblick gibt
Dem, dessen Herz dazu bereit,
Und dieses Kindlein liebt!

Die Engel in des Himmels Saal,
Die freuen sich darob;
Die Kinder Gottes allzumal,
Sie bringen dir ihr Lob.

So sieh und schmeck wie süß die Lust,
Die hier verborgen liegt;
In deines Jesu Liebesbrust.
Die alles Leid besiegt.

Genieße hier das Engelbrod,
Die süße Himmelskost;
Und lobe herzlich deinen Gott
Bei diesem süßen Most.

Hier ist das Ziel, hier ist der Ort,
Wo man zum Leben geht;
Hier ist des Paradieses Pfort',
Die wieder offen steht.

Hier fallen alle Sorgen hin,
Zur Lust wird alle Pein;
Es wird erfreuet Herz und Sinn,
In diesem Jesulein!

Hier ist in allem Ueberfluß,
Was einem nur behagt;
Da ist kein Kummer noch Verdruß,
Der vor das Herz zernagt.

Mit Gott und allen Seligen
Hast du Gemeinschaft hier;
Der Ort ist wohl am glücklichsten,
Da wohnet Gott in dir.

Der zeigt dir einen andren Weg,
Als du vorher erkannt, —
Der stille Ruh- und Friedenssteg
Zum ew'gen Vaterland.

Denselben geh in Frieden dann,
Und kehre nicht zurück,
Herodi es zu zeigen an;
Der häget einen Tück.

Er will das Kindlein bringen um,
Die edle Gottesfrucht;
Den theuren Schatz, dein Eigenthum,
Er dir zu rauben sucht.

Laß toben, würgen wie er will,
Dir widerfährt kein Leid;
Geh du die Lebensbahn in Still,
Zur frohen Ewigkeit.

No. 15.

Mel. Wer nur den lieben Gott läßt walten.

Wir singen, Herr, von deinen Segen
Wiewohl sie nicht zu zählen sind;
Du gibst uns Sonnenschein und Regen,
Frost, Hitze, Donner, Thau und Wind;
So blüht und reifet unsre Saat,
Nach deinem wundervollen Rath.

Der Himmel träufelt lauter Güte,
Die Erd ist deiner Schätze voll;

Damit ein achtsames Gemüthe,
Dich finden und bewundern soll,
Dich, der durch seine weise Macht,
Das alles hat hervorgebracht.

So sei die Liebe denn gepriesen!
Gepriesen sei die Wunderkraft,
Die auf den Feldern, auf den Wiesen,
Den Erdbewohnern Nahrung schafft.
Du nährest uns, wir werden satt,
Du giebst daß man noch übrig hat.

Du schüttest deines Segens Fülle
Herab, die wir doch nicht verdient;
Es ist allein dein guter Wille,
Daß Feld und Au' und Gärten grünt,
Und uns — sind wir es gleich nicht werth —
Die Frucht der Erde reichlich nährt.

Bewahre ferner unsre Saaten,
Und unsre Häuser, Hab und Gut,
Bewahre uns vor Missethaten,
Vor Wohllust, Geiz und Uebermuth;
Weil sonst, im reichsten Ueberfluß,
Die Seele doch verderben muß.

Ja, wenn wir, Vater, dein vergessen,
Der du so liebreich an uns denkst,

So muß der Fluch den Segen fressen
Mit dem du Feld und Haus beschenkst;
Wird auch der Vorrath nicht zerstreuet
So mangelt doch Zufriedenheit.

So wollen wir denn hier auf Erden,
Des guten Samen auszustreuen;
Nie müde, nie verdrossen werden,
Und uns vielmehr der Ernte freun,
Die einst nach dieser Saat
Dein Rath für uns ersehen hat.

No. 16.

Mel. Nun sich der Tag geendet hat.

Geh, Seele, frisch im Glauben fort
Und sei nur unverzagt,
Und dring hier durch die enge Pfort'
Nur Jesu zugesagt!

Dein Heiland gehet selbst vorher,
Durch Kreuz und Trübsaal hin;
So folg du auch durchs Rothe Meer,
Es bringt dir viel Gewinn.

O Jesu, Heiland meiner Seel',
Ich komm betend zu dir:
Wasch ab mein Immanuel;
Ach, komm doch selbst zu mir!

Vergib mir meine Missethat,
Und was mein Herze nagt;
Und schenk mir, Jesu, Deine Gnad
Daß ich sei unverzagt.

No. 17.

Mel. Du unbegreiflich höchstes Gut.

Ach, wann ich ja gedenk daran,
Wie viele Sünd ich hab gethan,
Wie oft ich meinen Gott betrübt;
Und er mich doch so herzlich liebt.

Weil er von meiner Kindheit an
Mir so viel Gutes hat gethan,
So wird mein Herz oft traurensvoll
Weil ich so unbekehrt und toll

Hab meine beste Zeit verschwend,
In eignem Willen ganz verblendt;
Und Gottes Wort so leicht geacht,
Und nicht mein Pfund in Wechsel 'bracht.

Ja in meinen jungen Jahren
Zeigtest du mir die Gefahren;
Und riefest mir so väterlich,
Daß ich ja soll bekehren mich,

Dein heilig Wort soll nehmen auf,
Und es bezeugen mit der Tauf;
Ach, deine Gnad hat endlich doch
Gebrochen dieses Treiberjoch.

Damit der eigne Wille brach,
Daß ich zuletzt das Jawort sprach;
Ach Jesu, nimm mein Herz und Hand,
Und binde selbst das Liebesband!

Nun hab ich ja genommen auf,
Nach diesem B'fehl die Wassertauf;
Schenk du doch mir die Geisteskraft,
Daß ja der Bund sei recht gemacht.

Hilf daß ich ja dein sanftes Joch,
Als treues Kind nachtrage doch;
Hilf daß ich mich verleugne frei,
Daß ich mich nicht blend an Heuchelei!!

Daß ja die falsche weltlich Ehr
Dein armes Kind ja nicht bethör;
Damit ich wahre Demuth üb'
Und täglich wachs in deiner Lieb'.

Ach Jesu, nimm dich meiner an,
Und führe mich die rechte Bahn;
Damit ich in der Wacht getreu,
Und im Gebet beständig sei.

Daß ich ein Glied an deinem Leib
In Wahrheit sei und ewig bleib;
Und mich, dein Geist, nimm an der Hand,
Und führe in das Vaterland

Wo deine Kinder ohne Zahl,
Genießen mit das Abendmahl,
In lauter Freud und Herrlichkeit,
Von Ewigkeit zu Ewigkeit.

No. 18.

Mel. Wer nur den lieben Gott läßt walten.

Du lässest, Herr, uns unterweisen,
Bei deines Wortes hellem Licht!
O gib, daß wir dich dafür preisen,
Und segne jetzt den Unterricht
An uns aus unsers Lehrers Mund;
Mach dich recht unsern Herzen kund.

Hier wird dein Samen ausgestreuet,
Der künftig Früchte tragen soll;
Wer sich dir in der Jugend weihet
Legt Grund zu seinem wahren Wohl;
Aus jugendlicher Frömmigkeit,
Quillt Segen unsrer künftgen Zeit.

So gib dann jetzt zu deinen Lehren,
Auch uns Alten das Gedeihn;
Laß uns mit Lehrbegürde höhren,
Und auch des Wortes Thäter sein;
O, pflanz zu deines Namens Ruhm,
In uns das wahre Christenthum!

Wer will dann mit der Welt noch gehn,
Und nicht auf den Geleits-Stern sehn?
Ach, meid die Sünde, lieb die Tugend,
Mach den Anfang in der Jugend;
Lern erkennen dich und Gott,
Willst du sein geschickt zum Tod.
Willst du Jesu dich ergeben,
Du findest bei ihm Trost und Leben.